数 学

（下 册）

主 编　张德发　张光荣　陈晓刚
副主编　周　敏　杨　博　田兴春
　　　　夏慧瑶　徐百胜
主 审　罗勇智

北京理工大学出版社
BEIJING INSTITUTE OF TECHNOLOGY PRESS

内 容 提 要

本套教材是根据教育部 2009 年颁布的《中等职业学校数学教学大纲》、贵州省中职单报高职数学考纲和考试范围,并参照中等职业教育改革国家规划新教材编写的.教材坚持"教学大纲"对"课程目标"的定位,内容选取严格遵循"教学大纲"对认知要求和技能与能力要求的规定,主要选取贵州省中职单报高职的考试内容.

根据"教学大纲"和贵州省中职单报高职数学考试范围对教材内容结构的规定,下册内容主要包括:数列、直线的方程、圆的方程、圆锥曲线的方程、贵州省中职单报高职统一升学考试数学试题 8 套和贵州省中职单报高职考试数学模拟试题 4 套.本书以"服务学生"为宗旨,以提高学生就业为导向,贯彻以"实用"为目标的中等职业教育方针.本套教材的基本概念和公式的定位、表述准确,选取案例贴近生活,具有较好的实用性,体现了"数学源于生活,又服务于生活"的理念,同时为备战贵州省中职单报高职考试打下了坚实的基础.

教材配备同步课堂练习、课后习题,各章节均有总复习题,可以达到让学生以练促学,学以致用的目的.近几年 8 套真题和 4 套模拟试题的训练可以大提升学生学习数学的能力.

版权专有　侵权必究

图书在版编目(CIP)数据

数学.下册/张德发,张光荣,陈晓刚主编.—北京:北京理工大学出版社,2018.6
ISBN 978-7-5682-5691-9

Ⅰ. ①数… Ⅱ. ①张…②张…③陈… Ⅲ. ①数学课-中等专业学校-教材 Ⅳ. ①G634.601

中国版本图书馆 CIP 数据核字(2018)第 118945 号

出版发行 / 北京理工大学出版社有限责任公司
社　　址 / 北京市海淀区中关村南大街 5 号
邮　　编 / 100081
电　　话 / (010)68914775(总编室)
　　　　　 (010)82562903(教材售后服务热线)
　　　　　 (010)68948351(其他图书服务热线)
网　　址 / http://www.bitpress.com.cn
经　　销 / 全国各地新华书店
印　　刷 / 定州启航印刷有限公司
开　　本 / 787 毫米×1092 毫米　1/16
印　　张 / 9.5　　　　　　　　　　　　　　　　　　责任编辑 / 王美丽
字　　数 / 223 千字　　　　　　　　　　　　　　　文案编辑 / 孟祥雪
版　　次 / 2018 年 6 月第 1 版　2018 年 6 月第 1 次印刷　责任校对 / 周瑞红
定　　价 / 29.00 元　　　　　　　　　　　　　　　责任印制 / 边心超

图书出现印装质量问题,请拨打售后服务热线,本社负责调换

前　　言

为贯彻《国务院关于大力发展职业教育的决定》〔2005〕35 号精神,落实《教育部关于进一步深化中等职业教育改革的若干意见》,教职成〔2008〕8 号《关于加强中等职业教育教材建设,深化教学理念基本纲要》和《贵州省职业教育条例》的要求,加快发展现代职业教育,全面提高劳动者素质,促进就业,服务经济社会发展,确保现行中等职业教育改革的顺利进行,全面提高教育教学质量,在学校校长周柱、分管教学副校长罗勇智担任主审,教科室主任张昌均、教学部主任吴江多次督促与指导下,经参编教师的不懈努力,本套中职《数学》(上、下册)终于顺利出版,投入使用.参编教师从事一线职业教育数学教学多年,加上学校领导的重视和指导,保证了这套教材的编写质量与实用性.

本套教材紧紧围绕中等职业教育的培养目标,遵循职业教育的教学规律,从经济社会发展对高素质劳动者和技能型人才发展影响出发,在课程结构、教学内容、教学方法方面进行了探索与创新.教材内容结合中职学生学习生活实际,符合学生认知规律.教材结构按实例或问题引入,首先是新知识,然后是知识巩固、练习及习题,每一章后面有本章总复习,有利于提高中职学生的逻辑思维水平、科学素养和职业能力,对提高教育教学质量起到积极的推动作用.

本套教材的编写主要体现以下特色:

1. 突出基础性

在保证教材科学性的基础上,立足使学生"一学就懂,一看就会",不刻意追求学科的完整性.降低教材难度,减轻学生负担.

2. 突出实用性

数学知识来源于生活,又服务于生活.引用的实例贴近生活,让学生知道学习数学的重要性和实用性.

3. 突出职业性

该教材是根据贵州省中职单报高职数学统一升学考试范围编写的,能够很好地让学生轻松学好中职数学知识.

4. 注重知识的衔接

在编写过程中,知识衔接符合学生认知规律,从学生实际情况出发,做好与九年义务教育阶段的衔接.

5. 培养能力性

在编写过程中,编者考虑到中职学生数学基础普遍较弱、差异较大,因此各章节中基础性题目较多.一些章节带"＊"的题型有一定的难度,有激发学生对知识的渴望与探索的作用,以满足不同层次学生的学习需求.

6. 体现时代性

一方面，本套《数学》教材要求授课教师少用传统的教学模式，多用多媒体教学方式，既方便教师的教学，又能提升学生学习数学的兴趣和效果．

7. 增强趣味性

本套《数学》教材根据中职学生的年龄与心理特点、基础现状，设置了实例、问题、新知识、知识巩固、课堂练习、想一想、小资料、名人名言、现代信息技术应用、阅读与欣赏等板块，增加了教材的趣味性，激发了学生学习数学的兴趣．每章后面均安排了总复习A、B两种题目，是对本章知识和以往知识的巩固与提高；其他内容主要介绍一些数学科学史，目的在于拓宽学生视野，激发学生对知识的追求．

8. 语言文字简洁、准确、通俗易懂

本套教材中的数学符号使用严格，执行的是国际、国家有关技术标准和规定．全套教材紧紧围绕贵州省中职单报高职统一升学考试数学的考试范围编写，在注重中职学生应具备的数学知识与数学能力培养的同时，也有助于参加对口升学高职考试的中职学生提升数学考试成绩，尤其是最后一道数学应用考题的题型模块，很有参考价值．

本套教材分上、下两册，建议有意向参加中职单报高职考试的学生选用，课时安排建议每周四课时，上册为第一学年使用，下册为第二学年使用．不参加中职单报高职考试的学生，授课教师可根据本专业学生的实际情况和专业需要进行选学，课时数由学校自行决定．

本套教材由张德发、张光荣、陈晓刚主编．衷心感谢周柱校长，分管教学副校长罗勇智，教科室主任张昌均、教学部主任吴江给予的支持．同时，也感谢桐梓县中等职业学校梁波，陈晓刚，绥阳县中等职业学校田兴春校长，贵阳市经济贸易学校徐百胜等同行．还有北京理工大学出版编辑等工作人员为本套教材付出艰辛的努力．他们在本书编写过程中提出了宝贵的意见与建议．由于编者的学术水平有限、时间短、任务重，书中疏漏之处难免，敬请广大读者提出宝贵的意见与建议．意见和反馈可发至邮箱291589120@qq.com．

编 者

目 录

第一部分 数列 ·· 1

1.1 数列的概念与简单表示法 ·· 2
1.2 等差数列 ·· 4
1.3 等差数列的前 n 项和 ··· 7
1.4 等比数列 ·· 10
1.5 等比数列的前 n 项和 ··· 14

第二部分 直线的方程 ·· 23

2.1 直线的倾斜角和斜率 ·· 24
2.2 直线的方程 ·· 27
2.3 两条直线的位置关系 ·· 33

第三部分 圆的方程 ·· 45

3.1 圆的方程 ·· 46
3.2 直线、圆的位置关系 ·· 52

第四部分 圆锥曲线 ·· 63

4.1 椭圆 ··· 64
4.2 双曲线 ··· 72
4.3 抛物线 ··· 81

附录 部分中英文词汇对照表 ··· 96

贵州省中职单报高职考试数学真题（一）··· 98
贵州省中职单报高职考试数学真题（二）··· 102
贵州省中职单报高职考试数学真题（三）··· 106
贵州省中职单报高职考试数学真题（四）··· 110

贵州省中职单报高职考试数学真题(五)……………………………………………… 114
贵州省中职单报高职考试数学真题(六)……………………………………………… 118
贵州省中职单报高职考试数学真题(七)……………………………………………… 122
贵州省中职单报高职考试数学真题(八)……………………………………………… 126
贵州省中职单报高职考试模拟试卷数学(一)………………………………………… 130
贵州省中职单报高职考试模拟试卷数学(二)………………………………………… 134
贵州省中职单报高职考试模拟试卷数学(三)………………………………………… 138
贵州省中职单报高职考试模拟试卷数学(四)………………………………………… 142

第一部分

数　列

- ◆ 1.1　数列的概念与简单表示法
- ◆ 1.2　等差数列
- ◆ 1.3　等差数列的前n项和
- ◆ 1.4　等比数列
- ◆ 1.5　等比数列的前n项和

对数列的研究源于现实生产、生活的需要.

一棵树在某一时刻的高度是 2 m.如果在每年的同一时刻都记录下这棵树的高度，并按先后顺序排列起来，就得到一列数.按一定顺序排列着的一列数称为数列.数列可以看成定义在正整数集或其有限子集上的函数，它是刻画离散过程的重要数学模型.

在日常生活中，人们经常遇到的像存款利息、购房贷款等实际计算问题，都需要用有关数列的知识来解决.数列的知识也是学习高等数学的基础.

在本章，我们将学习数列的概念和表示方法，并将研究两类特殊的数列——等差数列和等比数列，解决和这两类数列相关的一些问题，了解数列知识在实际生活中的广泛应用.

1.1 数列的概念与简单表示法

实例

传说古希腊毕达哥拉斯(Pythagoras,约公元前 570 年—约公元前 500 年)学派的数学家经常在沙滩上研究数学问题,他们在沙滩上画点或用小石子来表示数.比如,他们研究过 1、3、6、10、….

由于这些数可以用图 1-1 中所示的三角形点阵表示,因此将其称为三角形数.类似地,1、4、9、16、…,被称为正方形数,因为这些数能够表示成正方形(见图 1-2).

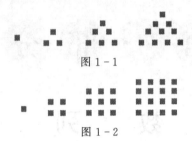

图 1-1

图 1-2

新知识

按照一定顺序排列的一列数称为**数列**(Sequence of Number),数列中的每一个数叫作这个数列的**项**.数列中的每一项都和它的序号有关,排在第 1 位的数称为这个数列的第 1 项(通常也称作**首项**),排在第 2 位的数称为这个数列的第 2 项……排在第 n 位的数称为这个数列的第 n 项.所以,数列的一般形式可以写成

$$a_1, a_2, a_3, \cdots, a_n, \cdots.$$

简记为 $\{a_n\}$.项数有限的数列叫作**有穷数列**,项数无限的数列叫作**无穷数列**.

从第 2 项起,每一项都大于它的前一项的数列叫作递增数列;从第 2 项起,每一项小于它的前一项的数列叫作递减数列;各项相等的数列叫作常数列;从第 2 项起,有些项大于它的前一项,有些项小于它的前一项的数列叫作摆动数列.

观察

下面的数列中,哪些是递增数列、递减数列、常数列、摆动数列?

(1) 全体自然数构成数列:
0,1,2,3,….

(2) 2009—2015 年黔西县中等职业学校在校生人数构成数列:
1 500,1 800,1 900,2 016,2 305,3 000,4 500.

(3) 无穷多个 8 构成数列:
8,8,8,8,….

(4) 目前通用的人民币面额按从大到小的顺序构成数列(单位:元):
100,50,20,10,5,1,0.5.

(5) 1,2,3,2,1,2,3.

如果数列$\{a_n\}$的第n项与序号n之间的关系可以用一个公式来表示,那么这个公式叫作这个数列的**通项公式**. 我们可以根据数列的通项公式算出数列的各项.

> **思考**
>
> 通项公式可以看成数列的解析式,利用一个数列的通项公式,你能确定这个数列哪些方面的性质?

知识巩固

例 1 写出下面数列的一个通项公式,使它的前 4 项分别是下列各数:

(1) $\dfrac{2}{3}, -\dfrac{3}{4}, \dfrac{4}{5}, -\dfrac{5}{6}$;

(2) $2, 0, 2, 0$;

(3) $1, 4, 9, 16$.

> 根据数列的前若干项写出的通项公式的形式唯一吗?请举例说明.

解 (1) 这个数列的分子比分母少 1,并且第 1 项的分母比序号多 2,奇数项为正、偶数项为负,所以,它的一个通项公式为

$$a_n = (-1)^{n+1} \dfrac{n+1}{n+2}.$$

(2) 这个数列的前 4 项构成一个摆动数列,奇数项是 2,偶数项是 0,所以,它的一个通项公式为

$$a_n = (-1)^{n+1} + 1.$$

(3) 这个数列是由正整数的平方的值构成的,所以,通项公式为

$$a_n = n^2.$$

练习

1. 根据数列的通项公式填表:

n	1	2	...	5	...		...	n
a_n			...		...	153	...	$3(3+4n)$

2. 已知数列$\{a_n\}$满足$a_1 = 1, a_n = a_{n-1}^2 - 1(n > 1)$,写出它的前 5 项.

3. 数列的前 5 项分别是以下各数,写出各数列的一个通项公式:

(1) $\dfrac{1}{2}, \dfrac{1}{4}, \dfrac{1}{6}, \dfrac{1}{8}, \dfrac{1}{10}$;

(2) $-\dfrac{1}{3 \times 1}, \dfrac{1}{3 \times 2}, -\dfrac{1}{3 \times 3}, \dfrac{1}{3 \times 4}, -\dfrac{1}{3 \times 5}$;

(3) $1, \sqrt{2}, \sqrt{3}, 2, \sqrt{5}$.

习题 1.1

1. 写出下面的数列：
   (1) 1～30 的质数按从小到大的顺序构成的数列；
   (2) 1～20 的偶数按从小到大的顺序构成的数列．

2. 根据下面数列 $\{a_n\}$ 的通项公式，写出它的前 5 项：
   (1) $a_n = \dfrac{3}{n^2+1}$；　　　　(2) $a_n = (-1)^n(2n^2+3)$．

3. 观察下面数列的特点，用适当的数填空，并写出各数列的一个通项公式：
   (1) (　)，-4，9，(　)，25，(　)，49；
   (2) 1，$\sqrt{2}$，(　)，2，$\sqrt{5}$，(　)，$\sqrt{7}$．

4. 写出下面数列 $\{a_n\}$ 的前 5 项：
   (1) $a_1 = 1$，$a_n = 2a_{n-1} + 2 (n > 1)$；
   (2) $a_1 = \dfrac{1}{2}$，$a_n = 2 + \dfrac{3}{a_{n-1}} (n > 1)$．

5. 已知数列 $\{a_n\}$ 中，$a_5 = 2\,009$，且 $a_n = a_{n-1} + 7$，$n \geqslant 2$，求 a_1．

6. 已知数列 $a_n = n^2 - 2n + 3$，则 $a_{10} = $ _____．

1.2　等差数列

我们在初中学习了实数，研究了它的一些运算与性质（如加、减、乘、除运算，能被 3、5、7 整除的数的特征等）．现在，我们面对数列（一列数），能不能也像研究实数一样，研究它的项与项之间的关系、运算与性质呢？

我们先从一些特殊的数列入手来研究这些问题．

在现实生活中，我们会遇到下面的特殊数列：

① 鞋的尺寸（也称为码数），

如：18，$18\dfrac{1}{2}$，19，$19\dfrac{1}{2}$，20，$20\dfrac{1}{2}\cdots$；

② 1，4，7，10；

③ 5 的倍数，如：5，10，15，20，25；

④ 能被 3 整除的数，如：3，6，9，12，15．

> 从特殊入手，研究数学对象的性质，再逐步扩展到一般，这是数学常用的研究方法．

观察

上面的数列①、②、③、④有什么共同特点？

可以看到：
对于数列①，从第 2 项起，每一项与前一项的差都等于_____；
对于数列②，从第 2 项起，每一项与前一项的差都等于_____；
对于数列③，从第 2 项起，每一项与前一项的差都等于_____；
对于数列④，从第 2 项起，每一项与前一项的差都等于_____．
也就是说，这些数列有一个共同特点：从第 2 项起，每一项与前一项的差都等于同一常数．

新知识

一般地，如果一个数列从第 2 项起，每一项与它的前一项的差等于同一个常数，那么这个数列就叫作**等差数列**，这个常数叫作等差数列的**公差**，公差通常用字母 d 表示．

上面的四个数列都是等差数列，公差依次是_____，_____，_____，_____．

在日常生活中，人们常常用到等差数列．例如，在给各种产品的尺寸划分级别时，当其中的最大尺寸与最小尺寸相差不大时，常按等差数列进行分级（如衬衫的尺码）．你能举出一些例子吗？

由三个数 a、b、c 组成的等差数列可以看成最简单的等差数列．这时 b 叫作 a 与 c 的**等差中项**．

> 你能用 a 与 b 表示 A 吗？

如同我们在前一节看到的，能否确定一个数列的通项公式对研究这个数列有重要的意义．

> **思考**
> 数列①、②、③、④的通项公式存在吗？如果存在，分别是什么？

一般地，如果等差数列 $\{a_n\}$ 的首项是 a_1，公差是 d，我们根据等差数列的定义，可以得到
$$a_2 - a_1 = d, a_3 - a_2 = d, a_4 - a_3 = d, \cdots.$$
所以，
$$a_2 = a_1 + d,$$
$$a_3 = a_2 + d = (a_1 + d) + d = a_1 + 2d,$$
$$a_4 = a_3 + d = (a_1 + 2d) + d = a_1 + 3d,$$
$$\cdots\cdots$$

由此，请你填空完成等差数列的通项公式
$$a_n = a_1 + (\qquad)d.$$

知识巩固

例 1 求等差数列 $8、5、2、\cdots$ 的通项公式和第 20 项．

解 因为 $a_1 = 8, d = 5 - 8 = -3$，所以这个等差数列的通项公式是
$$a_n = 8 + (n-1) \times (-3),$$
即
$$a_n = -3n + 11. \text{ 所以}$$
$$a_{20} = -3 \times 20 + 11 = -49.$$

例 2 等差数列 $-5、-9、-13、\cdots$ 的第多少项是 -401？

解

得

$$a_1 = -5, d = -9-(-5) = -4, a_n = -401,$$

$$-401 = -5 + (n-1) \times (-4),$$

解得

$$n = 100.$$

即这个数列的第 100 项是 -401.

例 3 在 8 与 12 之间插入一个数 A，使 8、A、12 成等差数列，求 A 的值.

解 因为 8、A、12 成等差数列，所以

$$A - 8 = 12 - A,$$

即

$$2A = 8 + 12,$$

解得

$$A = 10.$$

从例 3 知：10 是 8 与 12 的等差中项.

若 b 是 a 与 c 的等差中项，则

$$b - a = c - b,$$

解得

$$b = \frac{a+c}{2}.$$

这就表明：两个数的等差中项就是它们的算术平均数.

例 4 已知一个等差数列的第 3 项是 5，第 8 项是 20. 求它的第 1 项、公差 d 及第 10 项.

解 设该等差数列的首项为 a_1、公差为 d，依题意及通项公式得

$$\begin{cases} a_1 + (3-1)d = 5, \\ a_1 + (8-1)d = 20. \end{cases}$$

整理得

$$\begin{cases} a_1 + 2d = 5, \\ a_1 + 7d = 20. \end{cases}$$

解关于 a_1 及 d 的方程组得

$$a_1 = -1, d = 3.$$

所以，

$$a_{10} = -1 + (10-1) \times 3 = 26.$$

所以，它的第 1 项是 -1，公差 d 为 3，第 10 项为 26.

练习

1. 已知 $\{a_n\}$ 是一个等差数列，请在下表中填入适当的数.

a_1	a_3	a_5	a_7	d
-7		8		
	2			-6.5

2. 黔西县体育馆的座位是这样排列的:第 1 排有 30 个座位,从第 2 排起每 1 排都比前一排多 3 个座位.你能用 a_n 表示第 n 排的座位数吗? 第 20 排能坐多少个人?

(第 2 题)

3. 已知一个无穷等差数列 $\{a_n\}$ 的首项为 a_1,公差为 d.
   (1) 将数列中的前 5 项去掉,剩余各项组成一个新的数列,这个新数列是等差数列吗? 如果是,它的首项与公差分别是多少?
   (2) 取出数列中的所有偶数项,组成一个新的数列,这个新数列是等差数列吗? 如果是,它的首项与公差分别是多少?
   (3) 如果取出数列中所有序号为 3 的倍数的项,组成一个新的数列呢? 你能根据得到的结论作出一个猜想吗?

4. 已知 $\{a_n\}$ 是等差数列.
   (1) $2a_5 = a_3 + a_7$ 是否成立? $2a_5 = a_1 + a_9$ 是否成立? 为什么?
   (2) $2a_n = a_{n-1} + a_{n+1}(n > 1)$ 是否成立? 据此你能得出什么结论? $2a_n = a_{n-k} + a_{n+k}(n > k > 0)$ 是否成立? 你又能得出什么结论?
   (3) 如果 $p + q = m + n$,$a_p + a_q$ 是否与 $a_m + a_n$ 相等?

习题 1.2

1. 在等差数列 $\{a_n\}$ 中,
   (1) 已知 $a_1 = 3, d = 8, n = 10$,求 a_n;
   (2) 已知 $a_1 = 3, a_n = 21, d = 2$,求 n;
   (3) 已知 $a_1 = 4, a_3 = 12$,求 d;
   (4) 已知 $d = 2, a_4 = 9$,求 a_1.
2. 如果三角形的三个内角的度数成等差数列,那么中间的角是多少度?
3. 在通常情况下,从地面到 10 km 高空,高度每增加 1 km,气温就下降某一个固定数值. 如果 1 km 高度的气温是 8.5 ℃,5 km 高度的气温是 −17.5 ℃,那么 2 km、4 km、8 km 高度的气温分别是多少?
4. 在 6 和 18 之间插入一个数,使这 3 个数成等差数列,求这个数.

1.3 等差数列的前 n 项和

 实例

200 多年前,高斯的算术老师提出了下面的问题:
$$1 + 2 + 3 + \cdots + 100 = ?$$
据说,当其他同学忙于把 100 个数逐项相加时,10 岁的高斯却用下面的方法迅速算出了正确答案:

$$(1+100)+(2+99)+\cdots+(50+51)=101\times 50=5\,050.$$

高斯的算法实际上解决了求等差数列
$$1,2,3,\cdots,n.$$
前100项的和的问题. 人们从这个算法中受到启发,用下面的方法计算 $1,2,3,\cdots,n$ 的前 n 项和:

由

1	+	2	+	$\cdots$	+	$n-1$	+	n
n	+	$n-1$	+	$\cdots$	+	2	+	1
$(n+1)$	+	$(n+1)$	+	$\cdots$	+	$(n+1)$	+	$(n+1)$

可知
$$1+2+3+\cdots+n=\frac{(n+1)\times n}{2}.$$

探究

高斯的算法妙在哪里?这种方法能够推广到求一般等差数列的前 n 项和吗?

新知识

一般地,我们称
$$a_1+a_2+a_3+\cdots+a_n$$
为数列 $\{a_n\}$ 的前 n 项和,用 S_n 表示,即
$$S_n=a_1+a_2+a_3+\cdots+a_n.$$

由高斯算法的启示,对于公差为 d 的等差数列,我们用两种方式表示 S_n:

$$S_n=a_1+(a_1+d)+(a_1+2d)+\cdots+[a_1+(n-1)d], \qquad ①$$
$$S_n=a_n+(a_n-d)+(a_n-2d)+\cdots+[a_n-(n-1)d]. \qquad ②$$

由式①+式②,得
$$2S_n=\underbrace{(a_1+a_n)+(a_1+a_n)+(a_1+a_n)+\cdots+(a_1+a_n)}_{n\text{个}}$$
$$=n(a_1+a_n).$$

由此得到等差数列 $\{a_n\}$ 的前 n 项和的公式
$$S_n=\frac{n(a_1+a_n)}{2}.$$

如果代入等差数列的通项公式 $a_n=a_1+(n-1)d$, S_n 也可以用首项 a_1 与公差 d 表示,即
$$S_n=na_1+\frac{n(n-1)}{2}d.$$

思考

比较这两个公式,说说它们分别从哪些角度反映了等差数列的性质.

知识巩固

例 1 在图 1-3 中,一个堆放木头的 V 形架的最下面一层放一根木头,往上每一层都比下面一层多放一根,最上面放有 150 根,这个 V 形架上共放有多少根木头.

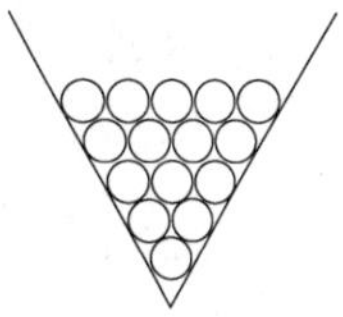

解 由题意可知,这个 V 形架上共放 150 层木头,由下而上各层的木头数组成等差数列,记 $\{a_n\}$,其中 $a_1=1, d=1, a_{150}=150$.

图 1-3

易知 $n=150$.根据等差数列的前 n 项和公式得

$$S_{150}=\frac{150\times(1+150)}{2}=11\,325.$$

即 V 形架上共放有 11 325 根木头.

例 2 在小于 100 的正整数中,有多少个数是 3 的倍数?它们的和为多少?

解 在小于 100 的正整数中,3 的倍数中最小的一个是 3,最大的一个是 99,以下各数是 3 的倍数:

$$3, 3\times 2, 3\times 3, 3\times 4, \cdots, 3\times 33,$$

即

$$3, 6, 9, 12, \cdots, 99.$$

显然这个数列是等差数列.其中 $a_1=3, d=3$.

$$n=33, a_{33}=99.$$

$$S_{33}=\frac{33\times(3+99)}{2}=1\,683.$$

例 3 在等差数列 $-6, -4, -2, 0, 2, \cdots$ 中,前多少项的和是 2 850?

解 $a_1=-6, d=-4-(-6)=2, S_n=2\,850$.

根据等差数列前几项的和公式得

$$2\,850=-6n+\frac{n(n-1)}{2}\times 2.$$

整理得

$$n^2-7n-2\,850=0,$$

解得

$$n_1=57, n_2=-50(\text{不符合题舍去}).$$

所以,

$$n=57.$$

练习

1. 根据下列各题中的条件,求相应的等差数列 $\{a_n\}$ 的前 n 项和 S_n:
   (1) $a_1=-4, a_8=-18, n=8$;　　　　　(2) $a_1=14, d=7, a_n=84$.
2. 设等差数列 $\{a_n\}$ 的前 n 项和公式是 $S_n=5n^2+3n$,求它的前 3 项,并求它的通项公式.
3. 求集合 $M=\{m|m=2n, n\in \mathbf{N}^*, \text{且 } m<60\}$ 的元素个数,并求这些元素的和.

习题 1.3

1. (1) 求正整数列前 n 个偶数的和;
   (2) 求正整数列前 n 个奇数的和;

(3) 在三位正整数的集合中有多少个数是 5 的倍数？求它们的和；

(4) 在正整数集合中有多少个三位数？求它们的和.

2. 根据下列条件，求相应的等差数列 $\{a_n\}$ 的有关未知数：

 (1) $a_1=20, a_n=54, S_n=999$，求 d 及 n；

 (2) $d=\dfrac{1}{3}, n=37, S_n=629$，求 a_1 及 a_n；

 (3) $a_1=\dfrac{5}{6}, d=-\dfrac{1}{6}, S_n=-5$，求 n 及 a_n；

 (4) $d=2, n=15, a_n=-10$，求 a_1 及 S_n.

3. 为了参加冬季运动会的 5 000 m 长跑比赛，某同学给自己制订了 7 天的训练计划：第 1 天跑 2 000 m，以后每天比前一天多跑 500 m. 这个同学 7 天一共将跑多长的距离？

4. 一个多边形的周长等于 158 cm，所有各边的长成等差数列，最大边的长等于 44 cm，公差等于 3 cm，求多边形的边数.

(第 3 题)

5. 在小于 100 的正整数中共有多少个数被 7 除余 2，这些数的和是多少？

6. 有两个等差数列 2、6、10、…、190 及 2、8、14、…、200，由这两个等差数列的公共项按从小到大的顺序组成一个新数列，求这个新数列的各项之和.

7. 数列 $\left\{\dfrac{1}{n(n+1)}\right\}$ 的前 n 项和

$$S_n=\dfrac{1}{1\times 2}+\dfrac{1}{2\times 3}+\dfrac{1}{3\times 4}+\dfrac{1}{4\times 5}+\cdots+\dfrac{1}{n\times(n+1)},$$

研究一下，能否找到求 S_n 的一个公式？你能对这个问题作一些推广吗？

1.4 等比数列

实例

在现实生活中，我们还会遇到下面一类特殊数列. 图 1-4 所示为某种细胞分裂的模型.

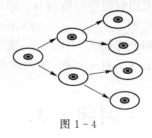

图 1-4

细胞分裂个数可以组成下面的数列：

$$1, 2, 4, 8, \cdots.$$

①

我国古代一些学者提出:"一尺之棰,日取其半,万世不竭."用现代语言叙述为:一尺长的木棒,每日取其一半,永远也取不完,这样,每日剩下的部分都是前一日的一半,如果把"一尺之棰"看成单位"1",那么,得到的数列是

　　　　　　1,____,____,____,…. ②

除了单利,银行还有一种支付利息的方式——复利❶,也就是通常说的"利滚利". 按照复利计算本利和的公式是

本利和＝本金×(1＋利率)^{存期}.

❶ 我国现行定期储蓄中的自动转存业务实际上就是按复利支付利息.

观察

上面的数列①、②有什么共同特点?

可以看到:

对于数列①,从第 2 项起,每一项与前一项的比都等于_____;

对于数列②,从第 2 项起,每一项与前一项的比都等于_____.

也就是说,这些数列有一个共同的特点:从第 2 项起,每一项与前一项的比都等于同一常数.

新知识

一般地,如果一个数列从第 2 项起,每一项与它的前一项的比等于同一常数,那么这个数列叫作**等比数列**,这个常数叫作等比数列的**公比**,公比通常用字母 q 表示($q\neq 0$).

上面的两个数列都是等比数列,公比依次是_____,_____.

与等差中项的概念类似,如果在 a 与 b 中间插入一个数 G,使 a、G、b 成等比数列,那么 G 叫作 a 与 b 的**等比中项**. 想一想,这时 a、b 的符号有什么特点?你能用 a 与 b 式子表示 G 吗?

现在,我们来研究等比数列的通项公式.

既是等差数列又是等比数列的数列存在吗?如果存在,你能举出例子吗?

探究

写出上面两个等比数列的通项公式. 类比等差数列的通项公式的推导过程,请你补全首项是 a_1,公比是 q 的等比数列 $\{a_n\}$ 的通项公式

$$a_n = a_1 q^{(\ \ )}.$$

知识巩固

例 1 已知一个等比数列的首项为 1,公比为 －1,求这个数列的第 20 项.

解 记这个数列为 $\{a_n\}$,公比为 q,则

$$a_1 = 1, q = -1.$$

由等比数列的通项公式可知

$$a_{20} = a_1 q^{19} = 1 \times (-1)^{19} = -1.$$

例2 一个等比数列的第3项和第4项分别是12和18,求它的第1项和第2项.

解 设这个等比数列的第1项是 a_1,公比是 q,依题得

$$\begin{cases} a_1 q^2 = 12, & ① \\ a_1 q^3 = 18. & ② \end{cases}$$

②÷①得

$$q = \frac{3}{2}. \qquad ③$$

把③代入①得

$$a_1 = \frac{16}{3}.$$

因此,

$$a_2 = a_1 q = \frac{16}{3} \times \frac{3}{2} = 8.$$

答 这个数列的第1项和第2项分别是 $\frac{16}{3}$ 与 8.

例3 将20、50、100三个数分别加上同一个常数,使这三个数依次成等比数列,求它们的公比.

解 设所加的常数为 a,即 $20+a, 50+a, 100+a$,依题意得

$$\frac{50+a}{20+a} = \frac{100+a}{50+a}.$$

解此关于 a 的方程得

$$a = 25.$$

所以,公比

$$q = \frac{50+a}{20+a} = \frac{50+25}{20+25} = \frac{5}{3}.$$

例4 已知等比数列 $\{a_n\}$ 的第7项为 $\frac{1}{9}$,公比为 $\frac{1}{3}$,求该数列的第3项.

解 设等比数列的第1项为 a_1,根据等比数列的通项公式得

$$\frac{1}{9} = a_1 \times \left(\frac{1}{3}\right)^6.$$

解得

$$a_1 = 81.$$

所以,

$$a_3 = a_1 q^2 = 81 \times \left(\frac{1}{3}\right)^2 = 81 \times \frac{1}{9} = 9.$$

练习

1. 已知 $\{a_n\}$ 是一个等比数列,在下表中填入适当的数.

a_1	a_3	a_5	a_7	q
2		8		
	2			0.2

2. 在利用电子邮件传播病毒的例子中,如果第一轮感染的计算机数是 80 台,并且从第一轮起,以后各轮的每一台计算机都可以感染下一轮的 20 台计算机,那么第 5 轮可以感染多少台计算机❶?

3. 已知 $\{a_n\}$ 是一个无穷等比数列,公比为 q.
   (1) 将数列 $\{a_n\}$ 中的前 k 项去掉,剩余各项组成一个新的数列,这个新数列是等比数列吗?如果是,它的首项与公比分别是多少?
   (2) 取出数列 $\{a_n\}$ 中的所有奇数项,组成一个新的数列,这个新数列是等比数列吗?如果是,它的首项与公比分别是多少?
   (3) 在数列 $\{a_n\}$ 中,每隔 10 项取出一项,组成一个新的数列,这个新数列是等比数列吗?如果是,它的公比是多少?你能根据得到的结论作出一个猜想吗?

> ❶ 由计算结果可以看到,计算机病毒的感染速度是非常惊人的. 你能体会到"指数爆炸"的含义吗?

4. 已知 $\{a_n\}$ 是等比数列,
   (1) $a_5^2 = a_3 \cdot a_7$ 是否成立? $a_5^2 = a_1 \cdot a_9$ 是否成立?为什么?
   (2) $a_n^2 = a_{n-1} \cdot a_{n+1}(n>1)$ 是否成立?你据此能得到什么结论? $a_n^2 = a_{n-k} \cdot a_{n+k}(n>k>0)$ 是否成立?你据此又能得到什么结论?

5. 某人买了一辆价值 13.5 万元的新车,专家预测这种车每年按 10% 的速度折旧❶.
   (1) 用一个式子表示 $n(n \in \mathbf{N}^*)$ 年后这辆车的价值;
   (2) 如果他打算用满 4 年时卖掉这辆车,他大概能得到多少钱?

> ❶ 折旧是贬值的意思.

习题 1.4

A 组

1. 在等比数列 $\{a_n\}$ 中,
   (1) $a_4 = 27, q = -3$,求 a_7;
   (2) $a_2 = 18, a_4 = 8$,求 a_1 与 q;
   (3) $a_5 = 4, a_7 = 6$,求 a_9;
   (4) $a_5 - a_1 = 15, a_4 - a_2 = 6$,求 a_3.

2. 某地为了保护水土资源,实行退耕还林,如果 2000 年退耕 8 万公顷,以后每年比上一年增加 10%,那么 2005 年需退耕多少公顷?(结果保留到个位)

3. 如果 $\{a_n\}$ 是各项均为正数的等比数列,那么 $\{\sqrt{a_n}\}$ 是等比数列吗?为什么?

4. 如果能将一张厚度为 0.05 mm 的报纸对折,再对折,再对折……对折 50 次后,报纸的厚度是多少?

(第 2 题)

你相信这时报纸的厚度超过了地球和月球之间的距离了吗?

5. 某城市今年空气质量为"良"的天数共为 105 天,力争 2 年后使空气质量为"良"的天数达到 240 天.这个城市空气质量为"良"的天数的年平均增长率为多少?(精确到小数点后 2 位)

(第 5 题)

6. 已知 a、b 是互异的正数,A 是 a、b 的等差中项,G 是 a、b 的正的等比中项,A 与 G 有无确定的大小关系?

7. 求下列各组数的等比中项:
   (1) $7+3\sqrt{5}$ 与 $7-3\sqrt{5}$;
   (2) $a^4+a^2b^2$ 与 $b^4+a^2b^2$ ($a\neq 0, b\neq 0$).

8. (1) 在 9 与 243 中间插入两个数,使它们同这两个数成等比数列;
   (2) 在 160 与 5 中间插入 4 个数,使它们同这两个数成等比数列.

B 组

1. 已知等比数列 $\{a_n\}$ 的公比为 q,求证
$$\frac{a_m}{a_n}=q^{m-n}.$$

2. 放射性元素在 $t=0$ 时的原子核总数为 N_0,经过 1 年,原子核总数衰变为 $N_0 q$,常数 q 称为年衰变率.考古学中常利用死亡的生物体中碳 14 元素稳定持续衰变现象测定遗址的年代.已知碳 14 的半衰期为 5 730 年,那么:
   (1) 碳 14 的年衰变率为多少(精确到 0.1^6)?
   (2) 某动物标本中碳 14 的含量为正常大气中碳 14 的含量的 60%(即衰变了 40%),该动物大约在距今多少年前死亡?

(第 2 题)

3. 就任一等差数列 $\{a_n\}$,计算 a_7+a_{10} 和 a_8+a_9,$a_{10}+a_{40}$ 和 $a_{20}+a_{30}$,你发现了什么规律?能把你发现的规律作进一步的推广吗?从等差数列和函数之间的联系角度来分析这个问题.在等比数列中会有怎样的类似结论?

1.5 等比数列的前 n 项和

实例

国际象棋起源于古代印度.相传国王要奖赏国际象棋的发明者,问他想要什么.发明者说:"请在棋盘的第 1 个格子里放上 1 颗麦粒,第 2 个格子里放上 2 颗麦粒,第 3 个格子里放上 4 颗麦粒,依次类推,每个格子里放的麦粒数都是前一个格子里的麦粒数的 2 倍,直到第 64 个格子.请给我足够的麦粒以实现上述要

求."国王觉得这个要求太小,就欣然同意了.假定千粒麦子的质量为 $40\ g$,据查,目前世界年度小麦产量约 6 亿吨,根据以上数据,判断国王是否能实现他的诺言.

让我们一起来分析一下,如果把各格所放的麦粒数看成一个数列,我们可以得到一个等比数列,它的首项是 1,公比是 2,求从第 1 个格子到第 64 个格子所放的麦粒数总和就是求这个等比数列前 64 项的和.

新知识

一般地,对于等比数列

$$a_1, a_2, a_3, \cdots, a_n, \cdots.$$

它的前 n 项和是

$$S_n = a_1 + a_2 + a_3 + \cdots + a_n.$$

根据等比数列的通项公式,上式可写成

$$S_n = a_1 + a_1 q + a_1 q^2 + \cdots + a_1 q^{n-1}. \qquad ①$$

我们发现,如果用公比 q 乘①的两边,可得

$$qS_n = a_1 q + a_1 q^2 + \cdots + a_1 q^{n-1} + a_1 q^n, \qquad ②$$

式①、式②的右边有很多相同的项.用式①的两边分别减去式②的两边,就可以消去这些相同的项,得

$$(1-q)S_n = a_1 - a_1 q^n.$$

当 $q \neq 1$ 时,等比数列的前 n 项和的公式为

$$S_n = \frac{a_1(1-q^n)}{1-q} \quad (q \neq 1).$$

因为 $a_n = a_1 q^{n-1}$,所以上面的公式还可以写成

$$S_n = \frac{a_1 - a_n q}{1-q} \quad (q \neq 1).$$

> 当 $q=1$ 时,等比数列的前 n 项和 S_n 等于多少?

有了上述公式,就可以解决本节开头提出的问题.由 $a_1 = 1$,$q = 2$,$n = 64$,可得

$$S_{64} = \frac{1 \times (1-2^{64})}{1-2}$$
$$= 2^{64} - 1.$$

> 对于等比数列的相关量 a_1、a_n、q、n、S_n,已知几个量,就可以确定其他量?

$2^{64} - 1$ 这个数很大,超过了 1.84×10^{19}.估计千粒麦子的质量约为 40 g,那么以上这些麦粒的总质量超过了 7 000 亿吨,因此,国王不可能实现他的诺言.

知识巩固

例 1 求下列等比数列前 8 项的和:

(1) $\dfrac{1}{2}, \dfrac{1}{4}, \dfrac{1}{8}, \cdots$;

(2) $a_1 = 27$,$a_9 = \dfrac{1}{243}$,$q < 0$.

解 (1) 因为 $a_1 = \dfrac{1}{2}$,$q = \dfrac{1}{2}$,所以

$$S_8 = \frac{\frac{1}{2}\left[1-\left(\frac{1}{2}\right)^8\right]}{1-\frac{1}{2}} = \frac{255}{256};$$

(2) 由 $a_1=27, a_9=\frac{1}{243}$,可得

$$\frac{1}{243} = 27 \cdot q^8.$$

又由 $q<0$,可得

$$q = -\frac{1}{3}.$$

所以,

$$S_8 = \frac{27\left[1-\left(-\frac{1}{3}\right)^8\right]}{1-\left(-\frac{1}{3}\right)}$$

$$= \frac{1\,640}{81}.$$

例2 某商场今年销售计算机 5 000 台.如果平均每年的销售量比上一年的销售量增加 10%,那么从今天起,大约几年可使总销售量达到 30 000 台(结果保留到个位)?

解 根据题意,每年销售量比上一年增加的百分率相同.所以,从今年起,每年的销售量组成一个等比数列 $\{a_n\}$,其中

$$a_1 = 5\,000, q = 1+10\% = 1.1, S_n = 30\,000.$$

于是得到

$$\frac{5\,000(1-1.1^n)}{1-1.1} = 30\,000.$$

整理得

$$1.1^n = 1.6.$$

两边取对数得

$$n\lg 1.1 = \lg 1.6.$$

用计算器算得

$$n = \frac{\lg 1.6}{\lg 1.1} \approx \frac{0.20}{0.041} \approx 5(\text{年}).$$

答 大约 5 年可以使总销量达到 30 000 台.

实际上,数列 $\{a_n\}$ 的前 n 项和 S_n 构成了一个新的数列:

$$S_1, S_2, S_3, \cdots, S_n, \cdots.$$

请你完成这个新数列的递推关系:

$$\begin{cases} S_1 = \underline{\qquad}, \\ S_n = S_{n-1} + \underline{\qquad} (n>1). \end{cases}$$

练习

1. 根据下列各题中的条件,求相应的等比数列 $\{a_n\}$ 的前 n 项和 S_n:
   (1) $a_1=3, q=2, n=6$;
   (2) $a_1=-2.7, q=-\dfrac{1}{3}, a_n=\dfrac{1}{90}$.

2. 如果一个等比数列前 5 项的和等于 10,前 10 项的和等于 50,那么它前 15 项的和等于多少?

3. 某市近 10 年的国内生产总值从 2 000 亿元开始以 10% 的速度增长,这个城市近 10 年的国内生产总值一共是多少?

九连环

九连环是中国的一种古老智力游戏,它环环相扣,趣味无穷.

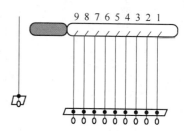

九连环的结构如图:9 个大小相同的圆环(一般由较粗的铁丝制成),依次排开,每一个圆环上都连有一个较细的铁丝直杆,各直杆在后一个圆环内穿过.九个直杆的另一端都插在一个木板的一排小孔里,直杆的末端都弯成一个小圈,使它们能在小孔里上下移动,但不会脱出.另外有一个粗铁丝做成的框架,圆环可以从框架上解下或套上.玩九连环就是要把这九个圆环全部从框架上解下或套上.但无论是解下还是套上圆环,都要遵循一定的规则.例如我们可以按照下面的方法进行:为了解下第 i 个圆环,必须先解下前 $i-2$ 个圆环,这是因为:如果前 $i-1$ 个圆环已经被解下,第 i 个圆环就无法再解下;如果前 $i-1$ 个圆环已经被解下,第 $i+1$ 个圆环就可以很容易解下.相反地,要套上第 i 个圆环,必须先套上前 $i-2$ 个圆环.套上一个圆环与解下一个圆环的过程正好相反,所需要的次数相同.如果按照这个规则解开九连环,最少需要移动圆环多少次呢?

我们不妨考虑 n 个圆环的情况.用 $K(n)$ 表示解下 n 个圆环所需的最少移动次数.显然,解下第 1 个圆环需 $K(1)=1$(次).当 $n=2$ 时,必须先解下第 2 个圆环,再解下第 1 个圆环,所以解下第 2 个圆环需 $K(2)=2$(次).

若要解下第 n 个圆环,就必须先解下第 $(n-2)$ 个圆环,需要 $K(n-2)$ 次,然后再移动 1 次即可将第 n 个圆环解下,则只剩下第 $(n-1)$ 个圆环.

若我们再用 $k(n)$ 表示前 $(n-1)$ 个圆环都已经解下,再解下第 n 个圆环所需的次数,则可得下式:

$$k(n)=k(n-2)+1+k(n-1).$$

接着，我们求 $k(n)$ 的表达式．由前面显然可知，要将第 n 个圆环解下，必须先将第 $(n-1)$ 个圆环套回框架，这个过程需 $k(n-1)$ 次．这时再移动 1 次，就可以解下第 n 个圆环，然后将第 $(n-1)$ 个圆环解下，又需 $k(n-1)$ 次，所以可得
$$k(1)=1, k(n)=2k(n-1)+1.$$

由此得到
$$\begin{aligned}k(n)&=2^2 k(n-2)+2+1\\&=2^3 k(n-3)+2^2+2+1\\&=\cdots\\&=2^{n-1}k(1)+2^{n-2}+2^{n-3}+\cdots+2+1\\&=2^{n-1}+2^{n-2}+2^{n-3}+\cdots+2+1\\&=2^n-1.\end{aligned}$$

> 这是一个以 1 为首项，2 为公比的等比数列的前 n 项的和．

现在可以确定公式 $K(n)$ 了，
$$K(n)=K(n-2)+2^{n-1}.$$

由于 $K(1)=1, K(2)=2$，因此当 n 为偶数时，
$$\begin{aligned}K(n)&=K(n-2)+2^{n-1}\\&=K(n-4)+2^{n-1}+2^{n-3}\\&=K(n-6)+2^{n-1}+2^{n-3}+2^{n-5}\\&=\cdots\\&=K(2)+2^{n-1}+2^{n-3}+2^{n-5}+\cdots+2^3\\&=2^{n-1}+2^{n-3}+2^{n-5}+\cdots+2^3+2\\&=\frac{2(1-2^n)}{1-2^2}\\&=\frac{1}{3}(2^{n+1}-2);\end{aligned}$$

> 这是一个以 2 为首项，2^2 为公比的等比数列的前 $\frac{n}{2}$ 项的和．

当 n 为奇数时，
$$\begin{aligned}K(n)&=K(n-2)+2^{n-1}\\&=K(n-4)+2^{n-1}+2^{n-3}\\&=K(n-6)+2^{n-1}+2^{n-3}+2^{n-5}\\&=\cdots\\&=K(1)+2^{n-1}+2^{n-3}+2^{n-5}+\cdots+2^2\\&=2^{n-1}+2^{n-3}+2^{n-5}+\cdots+2^2+1\\&=\frac{2(1-2^{n+1})}{1-2^2}\\&=\frac{1}{3}(2^{n+1}-1).\end{aligned}$$

> 这是一个以 1 为首项，2^2 为公比的等比数列的前 $\frac{n+1}{2}$ 项的和．

于是，
$$K(9)=\frac{1}{3}(2^{9+1}-1)=341.$$

所以，解九连环最少需要移动圆环 341 次．

习题 1.5

A 组

1. 在等比数列 $\{a_n\}$ 中：
   (1) 已知 $a_1=-1, a_4=64$，求 q 与 S_4；
   (2) 已知 $a_3=\dfrac{3}{2}, S_3=\dfrac{9}{2}$，求 a_1 与 q．

2. 某企业去年的产值是 138 万元，计划在今后 5 年内每年比上一年产值增长 10%，这 5 年的总产值是多少？

3. 如图，画一个边长为 2 cm 的正方形，再将这个正方形各边的中点相连得到第 2 个正方形，依次类推，这样一共画了 10 个正方形．求：
   (1) 第 10 个正方形的面积；
   (2) 这 10 个正方形的面积的和．

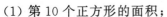

(第 3 题)

4. 求和：
   (1) $(a-1)+(a^2-2)+\cdots+(a^n-n)$；
   (2) $(2-3\times 5^{-1})+(4-3\times 5^{-2})+\cdots+(2n-3\times 5^{-n})$；
   (3) $1+2x+3x^2+\cdots+nx^{n-1}$．

5. 一个球从 100 m 高处自由落下，每次着地后又跳回到原高度的一半再落下．
   (1) 当它第 10 次着地时，经过的路程共是多少？
   (2) 当它第几次着地时，经过的路程共是 293.75 m？

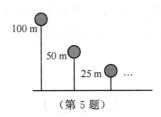

(第 5 题)

6. 已知 S_n 是等比数列 $\{a_n\}$ 的前 n 项和，S_3、S_9、S_6 成等差数列，求证 a_2、a_8、a_5 成等差数列．

B 组

1. 利用等比数列的前 n 项和的公式证明：如果 $a\neq b$，且 a、b 都不为 0，则
$$a^n+a^{n-1}b+a^{n-2}b^2+\cdots+ab^{n-1}+b^n=\dfrac{a^{n+1}-b^{n+1}}{a-b},$$
其中 $n\in\mathbf{N}^*$．

2. 已知等比数列 $\{a_n\}$ 的前 n 项和为 S_n，求证 S_7、$S_{14}-S_7$、$S_{21}-S_{14}$ 也成等比数列．

3. 资料表明,2000 年我国工业废弃垃圾达 7.4×10^8 t,每吨占地 1 m^2.环保部门每回收或处理 1 t 废旧物资,相当于消灭 4 t 工业废弃垃圾,如果环保部门 2002 年共回收处理了 100 t 废旧物资,且以后每年的回收量递增 20%,则

   (1) 2010 年能回收多少吨废旧物资(精确到 1 t)?

   (2) 从 2002 年到 2010 年年底,可节约多少土地(精确到 1 m^2)?

(第3题)

4. 收集本地区有关教育储蓄的信息,思考以下问题:

   (1) 依教育储蓄的方式,每月存 50 元,连续存 3 年,到期(3 年),或 6 年时一次可支取本息共多少元?

   (2) 依教育储蓄的方式,每月存 a 元,连续存 3 年,到期(3 年)或 6 年时一次可支取本息共多少元?

   (3) 依教育储蓄的方式,每月存 50 元,连续存 3 年,到期(3 年)时一次可支取本息比同档次的"零存整取"多收益多少元?

   (4) 欲在 3 年后一次支取教育储蓄本息合计 1 万元,每月应存入多少元?

   (5) 欲在 3 年后一次支取教育储蓄本息合计 a 万元,每月应存入多少元?

   (6) 依教育储蓄的方式,原打算每月存 100 元,连续存 6 年,可是到 4 年时,学生需要提前支取全部本息,一次可支取本息共多少元?

   (7) 依教育储蓄的方式,原打算每月存 a 元,连续存 6 年,可是到 b 年时,学生需要提前支取全部本息,一次可支取本息共多少元?

   (8) 不用教育储蓄的方式,而用其他的储蓄形式,以每月可存 100 元,6 年后使用为例,探讨以现行的利率标准可能的最大收益,将得到的结果与教育储蓄比较.

5. 购房问题:某家庭打算在 2010 年年底花 40 万元购一套商品房,为此,计划从 2004 年年初开始,每年年初存入一笔购房专用存款,使这笔款到 2010 年年底连本带息共有 40 万元,如果每年的存款数额相同,依年利息 2% 并按复利计算,问:每年应该存入多少钱?

复习题 1

A 组

1. 选择题:

   (1) 已知数列 $\{a_n\}$ 的通项公式为 $a_n = 2n - 5$,那么 $a_{2n} = (\quad)$.

   A. $2n - 5$ B. $4n - 5$ C. $2n - 10$ D. $4n - 10$

   (2) 等差数列 $-\dfrac{7}{2}, -3, -\dfrac{5}{2}, -2, \cdots$ 的第 $n+1$ 项为( ).

   A. $\dfrac{1}{2}(n-7)$ B. $\dfrac{1}{2}(n-4)$ C. $\dfrac{n}{2} - 4$ D. $\dfrac{n}{2} - 7$

(3) 在等差数列 $\{a_n\}$ 中,已知 $S_3=36$,则 $a_2=$(   ).
   A. 18   B. 12   C. 9   D. 6

(4) 在等比数列 $\{a_n\}$ 中,已知 $a_2=2, a_5=6$,则 $a_8=$(   ).
   A. 10   B. 12   C. 18   D. 24

2. 填空题:

(1) 数列 $0,3,8,15,24,\cdots$ 的一个通项公式为_____;

(2) 数列的通项公式为 $a_n=(-1)^{n+1}\cdot 2+n$,则 $a_{10}=$_____;

(3) 等差数列 $-1,2,5,\cdots$ 的一个通项公式为_____;

(4) 等比数列 $10,1,\dfrac{1}{10},\cdots$ 的一个通项公式为_____.

3. 数列的通项公式为 $a_n=\sin\dfrac{n\pi}{4}$,写出数列的前 5 项.

4. 在等差数列 $\{a_n\}$ 中,$a_1=2,a_7=20$,求 S_{15}.

5. 在等比数列 $\{a_n\}$ 中,$a_5=\dfrac{3}{4},q=-\dfrac{1}{2}$,求 S_7.

6. 已知本金 $P=1\,000$ 元,每期利率 $i=2\%$,期数 $n=5$,按复利计算,求到期后的本利和.

7. 在同一根轴上安装 5 个滑轮,它们的直径成等差数列,最小与最大的滑轮直径分别为 120 cm 与 216 cm,求中间三个滑轮的直径.

8. 小王计划采用等额本息分期付款的方式购买一台售价为 4 000 元的笔记本电脑,年利率为 5.76%,三年还清贷款,问:每月需要付多少贷款?

B 组

1. 在等差数列 $\{a_n\}$ 中,已知 $d=3$,且 $a_1+a_3+a_5+\cdots+a_{99}=80$,求前 100 项的和.

2. 已知等比数列 $\{a_n\}$ 的前 3 项的和是 $-\dfrac{3}{5}$,前 6 项的和是 $\dfrac{21}{5}$,求它 10 项的和.

堆垛中的数学计算

堆垛是经常采用的物品存放方式,根据不同的条件和需要,有多种多样的堆垛形式.进行物品清点时,不可能逐一地去数物品的个数,需要根据堆垛的类型进行计算.

常见的三种堆垛是长方垛、四角垛和正三角垛.

长方垛的每一层都是长方形,长方形的长边上与短边上堆放的物体个数可以相差多个.我们只研究如图 1-5 所示的长方垛,这种堆垛长边上比短边上只多堆放 1 个物体.

一般地,如果长方垛共有 n 层,从最上层往下数,假定第 1 层堆放 1×2 个,第 2 层堆放 2×3 个,第 3 层堆放 3×4 个,$\cdots$,第 n 层堆放 $n(n+1)$ 个,那么各层堆放的物体个数构成了

通项公式为
$$a_n = n(n+1)$$
的数列,这个数列的前 n 项和就是堆放物体的总数,计算公式为(证明略)
$$S_n = \frac{1}{3}n(n+1)(n+2).$$

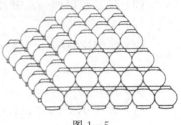

图 1-5

四角垛的每一层都是正方形(见图 1-6).一般地,如果四角垛共有 n 层,从最上层往下数,假定第 1 层放 1 个,第 2 层放 2^2 个,第 3 层放 3^2 个,…,第 n 层放 n^2 个,那么各层堆放的物体个数构成了通项公式为
$$a_n = n^2$$
的数列,这个数列的前 n 项和公式为(证明略)
$$S_n = \frac{1}{6}n(n+1)(2n+1).$$

正三角垛的每一层都是正三角形(见图 1-7).一般地,如果正三角垛共有 n 层,假定最顶层只有 1 个,以下各层依次为 1+2 个,1+2+3 个,1+2+3+4 个,…,第 n 层为 1+2+3+…+n 个,这种堆垛各层的物体个数构成了通项公式为
$$a_n = \frac{1}{2}n(n+1)$$
的数列,这个数列的前 n 项和公式为(推导过程略)
$$S_n = \frac{1}{6}(n+1)(n+2).$$

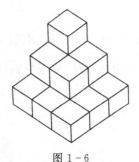

图 1-6

图 1-7

我国古代北宋的沈括、南宋的杨辉、元朝的朱世杰、清代的李善兰等科学家,研究了许多种堆垛的类型,在堆垛术方面都作出了杰出的贡献,有兴趣的同学可以自己搜集这方面的资料,并进行学习和研究.

第二部分

直线的方程

- 2.1 直线的倾斜角和斜率
- 2.2 直线的方程
- 2.3 两条直线的位置关系

通过坐标系把点和坐标、曲线和方程联系起来，使形和数结合，是研究几何图形的一种重要的数学方法．这一方法是用代数方法研究几何问题的基础，它的产生对教学的发展起到了巨大的作用．计算机技术的发展，使得这一方法在科学研究、工程设计、工艺美术、印刷、广告设计乃至影视艺术等各种领域得到了更广泛的应用．例如，应用计算机软件，可以画各种曲线、多边形和圆等图形，并对这些图形进行复制、放大、缩小、平移、旋转等操作，创造出各种各样美丽的或是适应不同需要的图形．

在本章，我们将学习平面直角坐标系中直线和圆的方程的知识、一般曲线方程的概念以及用坐标的方法研究几何问题的初步知识．这些知识是进一步学习圆锥曲线方程、导数和微分等知识的基础．此外，还要学习线性规划的初步知识，它是直线方程的一个直接应用．向量也是处理直线方程中许多问题的重要工具，在本章学习时要予以注意．

2.1 直线的倾斜角和斜率

知识回顾

初中研究一次函数时,在平面直角坐标系中,画出的一次函数图像是一条直线.例如:函数 $y=2x+1$ 的图像是直线 l(见图 2-1).这时,满足函数式 $y=2x+1$ 的每一对 x、y 的值都是直线 l 上的点的坐标,例如:数对 $(0,1)$ 满足函数式,在直线 l 上就有一点 A,它的坐标是 $(0,1)$;而直线 l 上每一点的坐标都满足函数式,例如:直线 l 上点 P 的坐标是 $(1,3)$,数对 $(1,3)$ 就满足函数式.

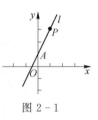

图 2-1

新知识

一般地,一次函数 $y=kx+b$ 的图像是一条直线,它是由以满足 $y=kx+b$ 的每一对 x、y 的值为坐标的点构成的.由于函数式 $y=kx+b$ 也可以看作二元一次方程,因此我们也可以说,这个方程的解和直线上的点也存在这样的对应关系.

以一个方程的解为坐标的点都是某条直线上的点,反过来,这条直线上点的坐标都是这个方程的解,这时,这个方程就叫作这条**直线的方程**,这条直线叫作这个**方程的直线**.

在平面直角坐标系中研究直线时,就是利用直线与方程的这种关系,建立直线的方程,并通过方程来研究直线的有关问题.为此,我们先研究直线的倾斜角和斜率.

在平面直角坐标系中,对于一条与 x 轴相交的直线,如果把 x 轴绕着交点按逆时针方向旋转到和直线重合时所转的最小正角记为 α,那么 α 就叫作直线的**倾斜角**.图 2-2 中的 α 是直线 l 的倾斜角.当直线和 x 轴平行或重合时,我们规定直线的倾斜角为 0.因此,倾斜角的取值范围是 $0°\leqslant\alpha<180°$.

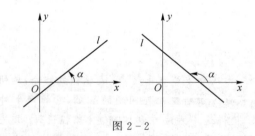

图 2-2

倾斜角不是 90° 的直线,它的倾斜角的正切叫作这条直线的**斜率**.直线的斜率常用 k 表示,即

$$k=\tan\alpha.$$

倾斜角是 90° 的直线没有斜率;倾斜角不是 90° 的直线都有斜率.例如,倾斜角是 45° 的直线的斜率是 $\tan 45°$,即等于 1.由正弦、余弦的诱导公式可以得出

$$\tan(180°-\theta) = \frac{\sin(180°-\theta)}{\cos(180°-\theta)}$$
$$= \frac{\sin\theta}{-\cos\theta} = -\tan\theta.$$

由此公式可以求倾斜角是钝角的直线的斜率. 例如倾斜角是 135°的直线的斜率
$$k = \tan 135° = \tan(180°-45°)$$
$$= -\tan 45° = -1.$$

倾斜角不同的直线,其斜率也不同. 我们常用斜率来表示倾斜角不等于 90°的直线对于 x 轴的倾斜程度.

在坐标平面内,如果已知两点 $P_1(x_1,y_1)$、$P_2(x_2,y_2)$,那么直线 P_1P_2 就是确定的,当直线 P_1P_2 的倾斜角不等于 90°时,这条直线的斜率也是确定的. 下面我们来研究怎样用两点的坐标来表示直线 P_1P_2 的斜率.

由图 2-3(1)可得:
$$\tan\alpha_1 = \tan\alpha = \frac{|CP_2|}{|AB|} = \left|\frac{y_2-y_1}{x_2-x_1}\right|.$$

这种求出的是 α 为锐角的值.

当 90°<α<180°时,$\tan\alpha$ 的值为负值. 这时的角 α 与锐角时的角 α 互补. 所以,该公式可以把绝对值符号去掉(见图 2-3(2)).

于是有
$$\tan\alpha = \frac{y_2-y_1}{x_2-x_1},$$

即
$$k = \frac{y_2-y_1}{x_2-x_1}.$$

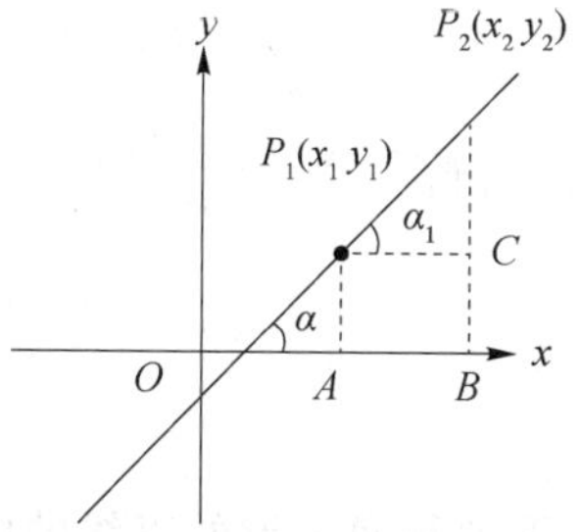

图(1) 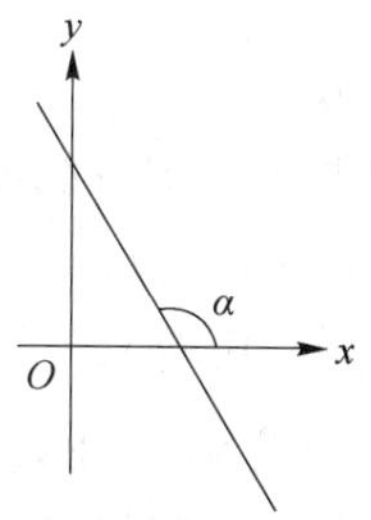　　　图(2)

图 2-3

综上所述,我们得到经过两点 $P_1(x_1,y_1)$、$P_2(x_2,y_2)$ 的直线的**斜率公式**
$$k = \frac{y_2-y_1}{x_2-x_1}.$$

知识巩固

例 1 如图 2-4 所示，直线 l_1 的倾斜角 $\alpha_1=30°$，直线 $l_2\perp l_1$，求 l_1、l_2 的斜率.

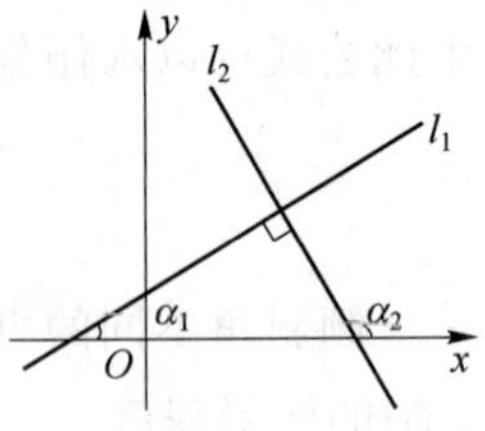

图 2-4

解 l_1 的斜率 $k_1=\tan\alpha_1=\tan 30°=\dfrac{\sqrt{3}}{3}$.

因为 l_2 的倾斜角 $\alpha_2=90°+30°=120°$，

所以 l_2 的斜率

$$\begin{aligned}k_2&=\tan 120°=\tan(180°-60°)\\&=-\tan 60°=-\sqrt{3}.\end{aligned}$$

例 2 求经过 $A(-2,0)$、$B(-5,3)$ 两点的直线的斜率和倾斜角.

解 $k=\dfrac{3-0}{-5-(-2)}=-1$，即 $\tan\alpha=-1$.

因为 $0°\leqslant\alpha<180°$，

所以 $\alpha=135°$.

因此，这条直线的斜率是 -1，倾斜角是 $135°$.

练习

1. 已知直线的倾斜角，求直线的斜率：

   (1) $\alpha=0°$；

   (2) $\alpha=60°$；

   (3) $\alpha=90°$；

   (4) $\alpha=\dfrac{3\pi}{4}$.

2. 已知直线的倾斜角的取值范围，利用正切函数的性质，讨论直线斜率及其绝对值的变化情况：

   (1) $0°<\alpha<90°$；

   (2) $90°<\alpha<180°$.

3. 求经过下列每两个点的直线的斜率和倾斜角：

   (1) $C(10,8)$、$D(4,-4)$；

   (2) $P(0,0)$、$Q(-1,\sqrt{3})$；

   (3) $M(-\sqrt{3},\sqrt{2})$、$N(-\sqrt{2},\sqrt{3})$.

4. 已知 a、b、c 是两两不等的实数，求经过下列每两个点的直线的倾斜角：

   (1) $A(a,c)$、$B(b,c)$；

   (2) $C(a,b)$、$D(a,c)$；

   (3) $P(b,b+c)$、$Q(a,c+a)$.

5. 已知三点 A、B、C，且直线 AB、AC 的斜率相同，求证这三点在同一条直线上.

习题 2.1

1. 在同一坐标平面内，画出下列方程的直线：
   (1) $l: y = x$;
   (2) $l: 2x + 3y = 6$;
   (3) $l: 2x + 3y + 6 = 0$;
   (4) $l: 2x - 3y + 6 = 0$.

2. 已知直线的倾斜角，求直线的斜率：
   (1) $\alpha = 30°$;
   (2) $\alpha = 45°$;
   (3) $\alpha = \dfrac{5\pi}{6}$;
   (4) $\alpha = \dfrac{2\pi}{3}$;
   (5) $\alpha = 89°$;
   (6) $\alpha = 2$.

3. 已知直线斜率的绝对值等于 1，求此直线的倾斜角.

4. 四边形 $ABCD$ 的四个顶点是 $A(2,3)$、$B(1,-1)$、$C(-1,-2)$、$D(-2,2)$，求四条边所在直线的斜率和倾斜角.

5. (1) 当且仅当 m 为何值时，经过两点 $A(-m,6)$、$B(1,3m)$ 的直线的斜率是 12？
   (2) 当且仅当 m 为何值时，经过两点 $A(m,2)$、$B(-m,2m-1)$ 的直线的倾斜角是 $60°$？

2.2 直线的方程

1. 点斜式

新知识

若直线 l 经过点 $P_1(x_1, y_1)$，且斜率为 k，求直线 l 的方程(见图 2-5).

设点 $P(x, y)$ 是直线 l 上不同于点 P_1 的任意一点. 根据经过两点的直线的斜率公式，得

$$k = \dfrac{y - y_1}{x - x_1},$$

可化为

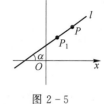

图 2-5

$$y - y_1 = k(x - x_1).$$

可以验证，直线 l 上的每个点的坐标都是这个方程的解；反过来，以这个方程的解为坐标的点都在直线 l 上. 所以这个方程就是过点 P_1、斜率为 k 的直线 l 的方程.

这个方程是由直线上一点和直线的斜率确定的，所以叫作直线方程的**点斜式**.

当直线 l 的倾斜角为 0 时(见图 2-6)，$\tan 0 = 0$，即 $k = 0$，直线 l 的方程就是

$$y = y_1.$$

当直线 l 的倾斜角为 $90°$ 时，直线没有斜率，这时直线 l 与 y 轴平行或重合，它的方程不

能用点斜式表示.但因为 l 上每一点的横坐标都等于 x_1(见图 2-7),所以它的方程是
$$x=x_1.$$

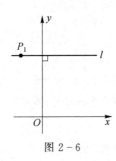

图 2-6

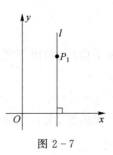

图 2-7

知识巩固

例 1 一条直线经过点 $P_1(-2,3)$,倾斜角 $\alpha=45°$,求这条直线的方程,并画出图形.

解 这条直线经过点 $P_1(-2,3)$,斜率是
$$k=\tan 45°=1.$$
代入点斜式,得
$$y-3=x+2,$$
即
$$x-y+5=0.$$

这就是所求的直线方程,如图 2-8 所示.

如图 2-9 所示,已知直线 l 的斜率是 k,与 y 轴的交点是 $P(0,b)$,代入直线方程的点斜式,得直线 l 的方程

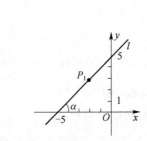

图 2-8

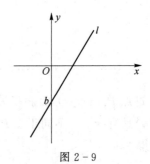

图 2-9

$$y-b=k(x-0),$$
也就是
$$y=kx+b.$$

我们称 b 为直线 l 在 y 轴上的**截距**.这个方程是由直线 l 的斜率和它在 y 轴上的截距确定的,所以叫作直线方程的**斜截式**.

从上可知,在初中学习的一次函数 $y=kx+b$ 中,常数 k 是直线的斜率,常数 b 是直线在 y 轴上的截距(b 可以大于 0,也可以等于或小于 0).

练习

1. 写出下列直线的点斜式方程,并画出图形:
   (1) 经过点 $A(2,5)$,斜率是 4;
   (2) 经过点 $B(3,-1)$,斜率是 $\sqrt{2}$;
   (3) 经过点 $C(-\sqrt{2},2)$,倾斜角是 $30°$;
   (4) 经过点 $D(0,3)$,倾斜角是 $0°$;
   (5) 经过点 $E(4,-2)$,倾斜角是 $120°$.

2. 填空:
   (1) 已知直线的点斜式方程是 $y-2=x-1$,那么直线的斜率是 _____,倾斜角是 _____.
   (2) 已知直线的点斜式方程是 $y+2=-\dfrac{\sqrt{3}}{3}(x+1)$,那么直线的斜率是 _____,倾斜角是 _____.

3. 写出下列直线的斜截式方程,并画出图形:
   (1) 斜率是 $\dfrac{\sqrt{3}}{2}$,在 y 轴上的截距是 -2;
   (2) 倾斜角是 $135°$,在 y 轴上的截距是 3.

2. 两点式

新知识

已知直线 l 经过两点 $P_1(x_1,y_1)$、$P_2(x_2,y_2)$ $(x_1 \neq x_2)$,求直线 l 的方程.

因为直线 l 经过点 $P_1(x_1,y_1)$、$P_2(x_2,y_2)$,并且 $x_1 \neq x_2$,所以它的斜率 $k=\dfrac{y_2-y_1}{x_2-x_1}$. 代入点斜式,得

$$y-y_1=\dfrac{y_2-y_1}{x_2-x_1}(x-x_1).$$

当 $y_2 \neq y_1$ 时,方程可以写成

$$\dfrac{y-y_1}{y_2-y_1}=\dfrac{x-x_1}{x_2-x_1}.$$

这个方程是由直线上两点确定的,所以叫作直线方程的**两点式**.

知识巩固

例 2 已知直线 l 与 x 轴的交点为 $(a,0)$,与 y 轴的交点为 $(0,b)$,其中 $a \neq 0, b \neq 0$,求直线 l 的方程.

解 因为直线 l 经过 $A(a,0)$ 和 $B(0,b)$ 两点,所以将这两点的坐标代入两点式,得

$$\dfrac{y-0}{b-0}=\dfrac{x-a}{0-a},$$

即

$$\frac{x}{a}+\frac{y}{b}=1.$$

如果直线与 x 轴相交于点 $(a,0)$,则称 a 为直线在 x 轴上的截距. 以上直线方程是由直线在 x 轴和 y 轴上的截距确定的,所以叫作直线方程的**截距式**.

例 3 三角形的顶点是 $A(-5,0)$、$B(3,-3)$、$C(0,2)$(见图 2-10),求这个三角形三边所在直线的方程.

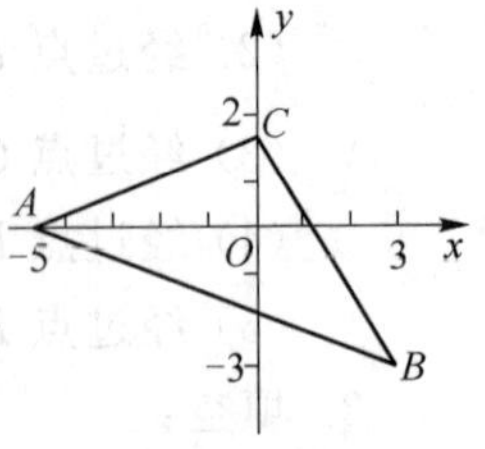

解 直线 AB 过 $A(-5,0)$、$B(3,-3)$ 两点,由两点式得

$$\frac{y-0}{-3-0}=\frac{x-(-5)}{3-(-5)}.$$

整理得

$$3x+8y+15=0.$$

这就是直线 AB 的方程.

直线 BC 过 $C(0,2)$,斜率是

$$k=\frac{2-(-3)}{0-3}=-\frac{5}{3},$$

由点斜式得

$$y-2=-\frac{5}{3}(x-0).$$

整理得

$$5x+3y-6=0.$$

这就是直线 BC 的方程.

直线 AC 过 $A(-5,0)$、$C(0,2)$ 两点,由两点式得

$$\frac{y-0}{2-0}=\frac{x-(-5)}{0-(-5)}.$$

整理得

$$2x-5y+10=0.$$

这就是直线 AC 的方程.

图 2-10

练习

1. 求过下列两点的直线的两点式方程,再化成斜截式方程:
   (1) $P_1(2,1)$、$P_2(0,-3)$;
   (2) $A(0,5)$、$B(5,0)$;
   (3) $C(-4,-5)$、$D(0,0)$.

2. 根据下列条件求直线方程,并画出图形:
   (1) 在 x 轴上的截距是 2,在 y 轴上的截距是 3;
   (2) 在 x 轴上的截距是 -5,在 y 轴上的截距是 6.

3. 一般式

新知识

前面我们学习了直线方程的几种特殊形式,它们都是二元一次方程. 下面我们来研究直线和二元一次方程的关系.

我们知道,在平面直角坐标系中,每一条直线都有倾斜角 α. 当 $\alpha \neq 90°$ 时,它们都有斜率,方程可写成下面的形式:

$$y = kx + b.$$

当 $\alpha = 90°$ 时,它的方程可以写成 $x = x_1$ 的形式. 由于是在坐标平面内讨论问题,因此这个方程应认为是关于 x、y 的二元一次方程,其中 y 的系数是 0.

这样,在平面直角坐标系中,对于任何一条直线,都有一个表示这条直线的关于 x、y 的**二元一次方程**.

下面证明,任何关于 x、y 的一次方程都表示一条直线.

x、y 的一次方程的一般形式是

$$Ax + By + C = 0, \qquad ①$$

其中,A、B 不同时为 0. 下面分 $B \neq 0$ 和 $B = 0$ 两种情况加以研究.

(1) 当 $B \neq 0$ 时,方程①可化为

$$y = -\frac{A}{B}x - \frac{C}{B}.$$

这就是直线的斜截式方程,它表示斜率为 $-\frac{A}{B}$、在 y 轴上截距为 $-\frac{C}{B}$ 的直线.

(2) 当 $B = 0$ 时,由于 A、B 不同时为 0,因此必有 $A \neq 0$. 方程①可以化为

$$x = -\frac{C}{A}.$$

它表示一条与 y 轴平行或重合的直线.

根据以上的讨论,我们又得到下面的结论:

在平面直角坐标系中,任何关于 x、y 的二元一次方程都表示一条直线.

我们把方程

$$Ax + By + C = 0$$

(其中 A、B 不同时为 0) 叫作直线方程的**一般式**.

知识巩固

例 4 已知直线经过点 $A(6, -4)$,斜率为 $-\frac{4}{3}$,求直线的点斜式和一般式方程.

解 经过点 $A(6, -4)$ 并且斜率等于 $-\frac{4}{3}$ 的直线方程的点斜式是

$$y + 4 = -\frac{4}{3}(x - 6).$$

化成一般式,得

$$4x + 3y - 12 = 0.$$

例 5 把直线 l 的方程 $x - 2y + 6 = 0$ 化成斜截式,求出直线 l 的斜率和它在 x 轴与 y 轴上的截距,并画图.

解 将原方程移项,得 $2y = x + 6$. 两边除以 2,得斜截式

$$y = \frac{1}{2}x + 3.$$

因此,直线 l 的斜率 $k=\frac{1}{2}$,它在 y 轴上的截距是 3. 在上面的方程中令 $y=0$,可得
$$x=-6,$$
即直线 l 在 x 轴上的截距是 -6.

画一条直线时,只要找出这条直线上的任意两点就可以了. 通常是找出直线与两个坐标轴的交点. 上面已经求得直线 l 与 x 轴、y 轴的交点为
$$A(-6,0)、B(0,3).$$
因此,过点 A、B 作直线,就得直线 l(见图 2-11).

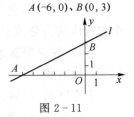

图 2-11

练习

1. 根据下列条件写出直线的方程,并将其化成一般式:

    (1) 斜率是 $-\frac{1}{2}$,经过点 $A(8,-2)$;

    (2) 经过点 $B(4,2)$,平行于 x 轴;

    (3) 在 x 轴和 y 轴上的截距分别是 $\frac{3}{2}$、-3;

    (4) 经过两点 $P_1(3,-2)$、$P_2(5,-4)$.

2. 已知直线 $Ax+By+C=0$.

    (1) 当 $B\neq 0$ 时,斜率是多少?当 $B=0$ 时呢?

    (2) 系数取什么值时,方程表示通过原点的直线?

3. 求下列直线的斜率和在 y 轴上的截距,并画出图形:

    (1) $3x+y-5=0$;   (2) $\frac{x}{4}-\frac{y}{5}=1$;

    (3) $x+2y=0$;   (4) $7x-6y+4=0$;

    (5) $2y-7=0$.

习题 2.2

1. 根据下列条件写出直线的方程:

    (1) 斜率是 $\frac{\sqrt{3}}{3}$,经过点 $A(8,-2)$;

    (2) 过点 $B(-2,0)$,且与 x 轴垂直;

    (3) 斜率为 -4,在 y 轴上的截距为 7;

    (4) 经过两点 $A(-1,8)$、$B(4,-2)$;

    (5) 在 y 轴上的截距是 2,且与 x 轴平行.

2. 已知直线的斜率 $k=2$,$P_1(3,5)$、$P_2(x_2,7)$、$P_3(-1,y_3)$ 是这条直线上的三个点,求 x_2 和 y_3.

3. 一直线经过点 $A(2,-3)$,它的倾斜角等于直线 $y=\frac{1}{\sqrt{3}}x$ 的倾斜角的 2 倍,求这条直

线的方程.

4. 一根弹簧,挂 4 kg 的物体时,长 20 cm,在弹性限度内,所挂物体的质量每增加 1 kg,弹簧伸长 1.5 cm. 利用斜截式写出弹簧的长度 l(cm)和所挂物体质量 F(kg)之间关系的方程.

5. 一条直线和 y 轴相交于点 $P(0,2)$,它的倾斜角的正弦值是 $\dfrac{4}{5}$,求这条直线的方程. 这样的直线有几条?

6. 求证 $A(1,3)$、$B(5,7)$、$C(10,12)$ 三点在同一直线上.

7. (1) 已知三角形的顶点是 $A(8,5)$、$B(4,-2)$、$C(-6,3)$,求经过每两边中点的三条直线的方程.

   (2) △ABC 的顶点是 $A(0,5)$、$B(1,-2)$、$C(-6,4)$,求 BC 边上的中线所在直线的方程.

8. 一根铁棒在 40 ℃ 时长 12.506 m,在 80 ℃ 时长 12.512 m,已知长度 l(m)和温度 t(℃)的关系可以用直线方程来表示,用两点式表示这个方程,并且根据这个方程,求这根铁棒在 100 ℃ 时的长度.

9. 菱形的两条对角线长分别等于 8 和 6,并且分别位于 x 轴和 y 轴上,求菱形各边所在的直线的方程.

10. 求过点 $P(2,3)$,并且在两轴上的截距相等的直线方程.

11. 直线方程 $Ax+By+C=0$ 的系数 A、B、C 满足什么关系时,这条直线有以下性质?

    (1) 与两条坐标轴都相交;　　　　　(2) 只与 x 轴相交;
    (3) 只与 y 轴相交;　　　　　　　(4) 是 x 轴所在直线;
    (5) 是 y 轴所在直线.

2.3　两条直线的位置关系

1. 平行和垂直

新知识

在初中几何里,我们研究过平面内两条直线互相平行和垂直的位置关系. 现在我们研究怎样通过直线的方程来判定平面直角坐标系中两条直线的平行或垂直的关系.

先讨论两条直线的平行问题.

设直线 l_1 和 l_2 分别有如下的斜截式方程:

$$l_1: y=k_1x+b_1,$$
$$l_2: y=k_2x+b_2.$$

如果 $l_1 // l_2$(见图 2-12),那么直线 l_1 和 l_2 在 y 轴上的截距不相等,即 $b_1 \neq b_2$,但它们的倾斜角相等

$$\alpha_1 = \alpha_2,$$

即

$$\tan \alpha_1 = \tan \alpha_2,$$

等价于
$$k_1 = k_2.$$

反过来,如果 $b_1 \neq b_2$,则 l_1 和 l_2 不重合.又如果 $k_1 = k_2$,也就是
$$\tan \alpha_1 = \tan \alpha_2,$$

那么由 $0° \leq \alpha_1 < 180°, 0° \leq \alpha_2 < 180°$,并利用正切函数的图像,可知
$$\alpha_1 = \alpha_2,$$

所以
$$l_1 \parallel l_2.$$

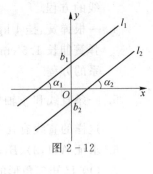

图 2-12

由上可知,当直线 l_1 和 l_2 有斜截式方程
$$l_1: y = k_1 x + b_1, l_2: y = k_2 x + b_2$$
时,直线 $l_1 \parallel l_2$ 的充要条件是 $k_1 = k_2$ 且 $b_1 \neq b_2$.

当直线 l_1 或 l_2 的斜率不存在时,很容易判定两条直线是否平行,在此不作详细讨论.

知识巩固

例1 已知直线方程
$$l_1: 2x - 4y + 7 = 0, l_2: x - 2y + 5 = 0,$$
求证 $l_1 \parallel l_2$.

证明 把 l_1、l_2 的方程写成斜截式
$$l_1: y = \frac{1}{2}x + \frac{7}{4}, l_2: y = \frac{1}{2}x + \frac{5}{2}.$$

因为
$$k_1 = k_2, b_1 \neq b_2,$$
所以
$$l_1 \parallel l_2.$$

例2 求过点 $A(1, -4)$ 且与直线 $2x + 3y + 5 = 0$ 平行的直线的方程.

解 已知直线的斜率是 $-\frac{2}{3}$,因为所求直线与已知直线平行,因此它的斜率也是 $-\frac{2}{3}$.

根据点斜式,得到所求直线的方程是
$$y + 4 = -\frac{2}{3}(x - 1),$$
即
$$2x + 3y + 10 = 0.$$

现在讨论两条直线垂直的问题.

设 l_1 与 l_2 的方程分别为
$$l_1 = y = k_1 x + b_1,$$
$$l_2 = y = k_2 x + b_2.$$

如图 2-13 所示.

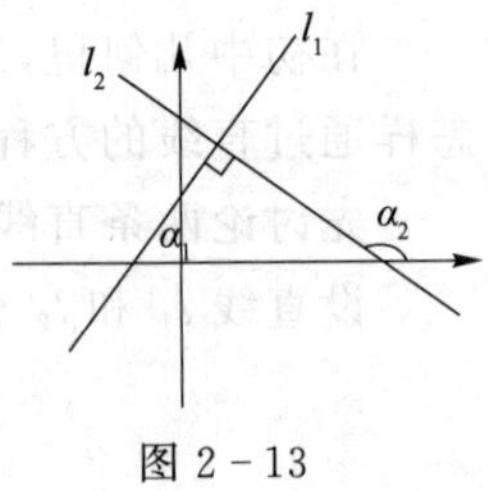

由图 2-13 知,
$$\alpha_2 = \alpha_1 + 90°,$$
$$k_1 = \tan \alpha_1,$$
$$k_2 = \tan \alpha_2 = \tan(\alpha_1 + 90°) = -\cot \alpha_1.$$

显然
$$k_1 \cdot k_2 = -1,$$
即
$$l_1 \perp l_2 \Leftrightarrow k_1 k_2 = -1.$$

图 2-13

所以,如果两条直线的斜率为 k_1 和 k_2,那么这两条直线垂直的充要条件是 $k_1 \cdot k_2 = -1$.

例3 已知两条直线
$$l_1:2x-4y+7=0, l_2:2x+y-5=0,$$
求证 $l_1 \perp l_2$.

证明 l_1 的斜率 $k_1 = \frac{1}{2}$,l_2 的斜率 $k_2 = -2$.

因为
$$k_1 \cdot k_2 = \frac{1}{2} \times (-2) = -1,$$

所以
$$l_1 \perp l_2.$$

例4 求过点 $A(2,1)$,且与直线 $2x+y-10=0$ 垂直的直线 l 的方程.

解 直线 $2x+y-10=0$ 的斜率是 -2.因为直线 l 与已知直线垂直,所以它的斜率
$$k = -\frac{1}{-2} = \frac{1}{2}.$$

根据点斜式,得到直线 l 的方程是
$$y - 1 = \frac{1}{2}(x - 2),$$

即
$$x - 2y = 0.$$

练习

1. 判断下列各对直线是否平行或垂直:
   (1) $y=3x+4$ 与 $2y-6x+1=0$;
   (2) $y=x$ 与 $3x+3y-10=0$;
   (3) $3x+4y=5$ 与 $6x-8y=7$.

2. 求过点 $A(2,3)$ 且分别适合下列条件的直线的方程:
   (1) 平行于直线 $2x+y-5=0$;
   (2) 垂直于直线 $x-y-2=0$.

3. 已知两条直线 l_1、l_2,其中一条没有斜率,求这两条直线有以下位置关系的充要条件:
   (1) 平行; (2) 垂直.

4. 讨论下列各对直线是否平行或垂直:
   (1) $l_1:Ax+By+C_1=0$ 与 $l_2:Ax+By+C_2=0$;
   (2) $l_1:Ax+By+C_1=0$ 与 $l_2:-Bx+Ay+C_2=0$.

2. 夹角

新知识

两条直线 l_1 和 l_2 相交构成四个角,它们是两对对顶角.为了区别这些角,我们把直线 l_1 绕着直线 l_1 与 l_2 的交点按逆时针方向旋转到与 l_2 重合时所转过的最小角,叫作 l_1 到 l_2 的角,在图 2-14 中,直线 l_1 到 l_2 的角是 θ_1,l_2 到 l_1 的角是 θ_2 ($\theta_1 > 0$,$\theta_2 > 0$,且 $\theta_1 + \theta_2 = \pi$).

现在我们来求斜率为 k_1 的直线 l_1 到斜率为 k_2 的直线 l_2 的角 θ.
设已知直线的方程分别是
$$l_1: y = k_1 x + b_1, \quad l_2: y = k_2 x + b_2.$$

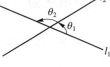

图 2-14

如果 $1+k_1k_2=0$,即 $k_1k_2=-1$,那么 $\theta=\dfrac{\pi}{2}$.

下面研究 $1+k_1k_2\neq 0$ 的情形.

设 l_1、l_2 的倾斜角分别是 α_1 和 α_2,则
$$\tan\alpha_1=k_1,\quad \tan\alpha_2=k_2.$$
由图 2-15(1) 和图 2-15(2) 分别可知
$$\theta=\alpha_2-\alpha_1$$
或
$$\theta=\pi-(\alpha_1-\alpha_2)=\pi+(\alpha_2-\alpha_1).$$

所以 $\tan\theta=\tan(\alpha_2-\alpha_1)$

或
$$\tan\theta=\tan[\pi+(\alpha_2-\alpha_1)]$$
$$=\tan(\alpha_2-\alpha_1).$$

于是
$$\tan\theta=\dfrac{\tan\alpha_2-\tan\alpha_1}{1+\tan\alpha_2\tan\alpha_1}=\dfrac{k_2-k_1}{1+k_2k_1},$$
即
$$\tan\theta=\dfrac{k_2-k_1}{1+k_2k_1}.$$

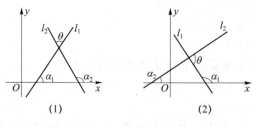

图 2-15

当 $\tan\theta>0$ 时,直线 l_1 到直线 l_2 的角 θ 是锐角;当 $\tan\theta<0$ 时,直线 l_1 到直线 l_2 的角是钝角.

因为 l_2 到 l_1 的角等于 $\pi-\theta$,所以当直线 l_1 与 l_2 相交但不垂直时,在 θ 和 $\pi-\theta$ 中有且仅有一个角是锐角,我们把其中的锐角叫作两条直线的**夹角**,记夹角为 α,则
$$\tan\alpha=\left|\dfrac{k_2-k_1}{1+k_2k_1}\right|.$$

当直线 $l_1\perp l_2$ 时,我们说直线 l_1 和 l_2 的夹角是 $\dfrac{\pi}{2}$.

知识巩固

例 5 求直线 $l_1:y=-2x+3$,与直线 $l_2:y=x-\dfrac{3}{2}$ 的夹角(用角度制表示).

解 由两条直线的斜率 $k_1=-2,k_2=1$,得

$$\tan\alpha=\left|\frac{k_2-k_1}{1+k_2k_1}\right|=\left|\frac{1-(-2)}{1+1\times(-2)}\right|=3.$$

利用计算器计算或查表可得

$$\alpha\approx 71°34'.$$

☆**例 6** 已知直线 $l_1:A_1x+B_1y+C_1=0$ 和 $l_2:A_2x+B_2y+C_2=0(B_1\neq 0, B_2\neq 0, A_1A_2+B_1B_2\neq 0)$,直线 l_1 到直线 l_2 的角是 θ,求证

$$\tan\theta=\frac{A_1B_2-A_2B_1}{A_1A_2+B_1B_2}.$$

证明 设两条直线 l_1、l_2 的斜率分别为 k_1、k_2,则

$$k_1=-\frac{A_1}{B_1}, k_2=-\frac{A_2}{B_2}.$$

$$\tan\theta=\frac{k_2-k_1}{1+k_2k_1}=\frac{-\frac{A_2}{B_2}-\left(-\frac{A_1}{B_1}\right)}{1+\left(-\frac{A_2}{B_2}\right)\left(-\frac{A_1}{B_1}\right)}$$

$$=\frac{A_1B_2-A_2B_1}{A_1A_2+B_1B_2}.$$

练习

1. 求下列直线 l_1 到 l_2 的角与 l_2 到 l_1 的角:

   (1) $l_1:y=\frac{1}{2}x+2$, $l_2:y=3x+7$;

   (2) $l_1:x-y=5$, $l_2:x+2y-3=0$.

2. 求下列两条直线的夹角:

   (1) $y=3x-1, y=-\frac{1}{3}x+4$;

   (2) $x-y=5, y=4$;

   (3) $5x-3y=9, 6x+10y+7=0$.

3. 交点

新知识

设两条直线的方程是

$$l_1:A_1x+B_1y+C_1=0,$$
$$l_2:A_2x+B_2y+C_2=0.$$

如果这两条直线相交,由于交点同时在这两条直线上,因此交点的坐标一定是这两个方程的唯一公共解;反过来,如果这两个二元一次方程只有一个公共解,那么以这个解为坐标的点必是直线 l_1 和 l_2 的交点.因此,两条直线是否有交点,就要看这两条直线的方程所组成的方程组

$$\begin{cases} A_1x+B_1y+C_1=0, \\ A_2x+B_2y+C_2=0. \end{cases}$$

是否有唯一解.

知识巩固

例 7 求下列两条直线的交点.
$$l_1: 3x+4y-2=0,$$
$$l_2: 2x+y+2=0.$$

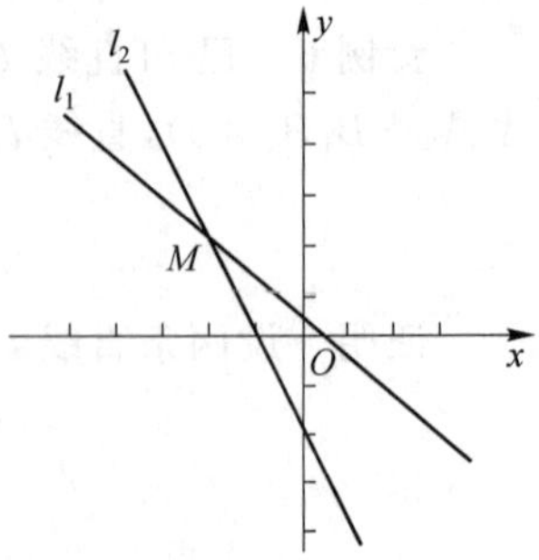

解 解方程组
$$\begin{cases} 3x+4y-2=0, \\ 2x+y+2=0, \end{cases}$$
得
$$\begin{cases} x=-2, \\ y=2. \end{cases}$$
所以,l_1 与 l_2 的交点是 $M(-2,2)$,如图 2-16 所示.

图 2-16

例 8 求经过坐标原点且经过以下两条直线的交点的直线的方程:
$$l_1: x-2y+2=0,$$
$$l_2: 2x-y-2=0.$$

解 解方程组
$$\begin{cases} x-2y+2=0, \\ 2x-y-2=0, \end{cases}$$
得
$$\begin{cases} x=2, \\ y=2. \end{cases}$$
所以,l_1 与 l_2 的交点是 $(2,2)$.

设经过原点的直线方程是
$$y=kx,$$
把点 $(2,2)$ 的坐标代入以上方程,得 $k=1$. 所以,所求的直线方程为
$$y=x.$$

练习

1. 求下列各对直线的交点,并画图:
   (1) $l_1: 2x+3y=12$, $l_2: x-2y=4$;
   (2) $l_1: x=2$, $l_2: 3x+2y-12=0$.

2. 判定下列各对直线的位置关系,如果相交,则求出交点的坐标:
   (1) $l_1: 2x-y=7$, $l_2: 4x+2y=1$;
   (2) $l_1: 2x-6y+4=0$, $l_2: y=\dfrac{x}{3}+\dfrac{2}{3}$;
   (3) $l_1: (\sqrt{2}-1)x+y=3$, $l_2: x+(\sqrt{2}+1)y=2$.

4. 点到直线的距离

新知识

在平面直角坐标系中,如果已知某点 P 的坐标为 (x_0, y_0),直线 l 的方程是 $Ax+By+C=0$,怎样由点的坐标和直线的方程直接求点 P 到直线 l 的距离呢?

根据定义,点 P 到直线 l 的距离 d 是点 P 到直线 l 的垂线段的长(见图 2-17).

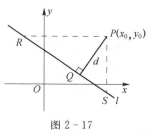

图 2-17

设点 P 到直线 l 的垂线段为 PQ,垂足为 Q. 由 $PQ \perp l$ 可知直线 PQ 的斜率为 $\dfrac{B}{A}(A \neq 0)$,根据点斜式可写出直线 PQ 的方程,并由 l 与 PQ 的方程求出点 Q 的坐标;由此根据两点距离公式求出 $|PQ|$,得到点 P 到直线 l 的距离 d.

这个方法虽然思路自然,但是运算较繁.下面介绍另一种求法.

设 $A \neq 0, B \neq 0$,这时 l 与 x 轴、y 轴都相交.过 P 作 x 轴的平行线,交 l 于点 $R(x_1, y_0)$;作 y 轴的平行线,交 l 于点 $S(x_0, y_2)$. 由

$$Ax_1 + By_0 + C = 0,$$
$$Ax_0 + By_2 + C = 0,$$

得

$$x_1 = \dfrac{-By_0 - C}{A}, \quad y_2 = \dfrac{-Ax_0 - C}{B}.$$

所以

$$|PR| = |x_0 - x_1| = \left| \dfrac{Ax_0 + By_0 + C}{A} \right|,$$

$$|PS| = |y_0 - y_2| = \left| \dfrac{Ax_0 + By_0 + C}{B} \right|,$$

$$|RS| = \sqrt{PR^2 + PS^2} = \dfrac{\sqrt{A^2 + B^2}}{|AB|} \times |Ax_0 + By_0 + C|.$$

由三角形面积公式可知

$$d \cdot |RS| = |PR| \cdot |PS|,$$

所以

$$d = \dfrac{|Ax_0 + By_0 + C|}{\sqrt{A^2 + B^2}}.$$

可证,当 $A=0$ 或 $B=0$ 时,以上公式仍适用.于是得到点到直线的距离公式

$$d = \dfrac{|Ax_0 + By_0 + C|}{\sqrt{A^2 + B^2}}.$$

当 $A=0$ 或 $B=0$ 时,也可以不用上面公式而直接求出距离.请研究一下如何用其他方法推导上面的距离公式.

例 9 求点 $P_0(-1, 2)$ 到下列直线的距离:

(1) $2x + y - 10 = 0$;

(2) $3x = 2$.

解 (1) 根据点到直线的距离公式,得

$$d = \frac{|2\times(-1)+2-10|}{\sqrt{2^2+1^2}} = \frac{10}{\sqrt{5}} = 2\sqrt{5}.$$

(2) 因为直线 $3x=2$ 平行于 y 轴，所以
$$d = \left|\frac{2}{3}-(-1)\right| = \frac{5}{3}.$$

例 10 求平行线 $2x-7y+8=0$ 和 $2x-7y-6=0$ 的距离.

解 在直线 $2x-7y-6=0$ 上任取一点，例如取 $P(3,0)$，则点 $P(3,0)$ 到直线
$$2x-7y+8=0$$
的距离就是两平行线间的距离(见图 2-18). 因此
$$d = \frac{|2\times3-7\times0+8|}{\sqrt{2^2+(-7)^2}} = \frac{14}{\sqrt{53}} = \frac{14\sqrt{53}}{53}.$$

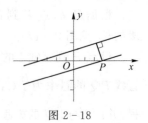

图 2-18

[想一想，是否可以在直线 $2x-7y-6=0$ 上取一般的点 $P(x,y)$ 来求距离.]

练习

1. 求原点到下列直线的距离：
   (1) $3x+2y-26=0$；
   (2) $x=2y-5$.

2. 求下列点到直线的距离：
   (1) $A(-2,3)$, $3x+4y+3=0$；
   (2) $B(1,0)$, $\sqrt{3}x+y-\sqrt{3}=0$；
   (3) $C(1,-2)$, $4x+3y=0$.

3. 求下列两条平行线的距离：
   (1) $2x+3y-8=0$, $2x+3y+10=0$；
   (2) $3x+4y=10$, $3x+4y=8$.

习题 2.3

1. 证明下列直线互相平行：
   (1) $3x+5y-4=0$, $6x+10y+7=0$；
   (2) $2x-4y+3=0$, $x-2y=6$；
   (3) $2x-1=0$, $x+3=0$；
   (4) $y+3=0$, $5y-7=0$.

2. 根据下列条件，求直线的方程：
   (1) 经过点 $A(3,2)$，且与直线 $4x+y-2=0$ 平行；
   (2) 经过点 $C(2,-3)$，且平行于过两点 $M(2,2)$ 和 $N(-1,-5)$ 的直线；
   (3) 经过点 $B(3,0)$，且与直线 $2x+y-5=0$ 垂直.

3. 已知直线 l_1、l_2 的方程分别是
   $l_1: A_1x+B_1y+C_1=0$, $l_2: A_2x+B_2y+C_2=0$,

且 $A_1B_1C_1 \neq 0, A_2B_2C_2 \neq 0, A_1B_2 - A_2B_1 = 0, B_1C_2 - B_2C_1 \neq 0$,求证 $l_1 \parallel l_2$.

4. 证明下列直线互相垂直:

   (1) $2x + 3y + 4 = 0$, $3x - 2y - 1 = 0$;

   (2) $5x - 11y + 2 = 0$, $33x + 15y - 7 = 0$.

5. 已知两点 $A(9, -4)$、$B(-5, 6)$,求线段 AB 的垂直平分线的方程.

6. 三角形的三个顶点是 $A(4, 0)$、$B(6, 7)$、$C(0, 3)$,求三角形的边 BC 上的高所在直线的方程.

7. 已知直线 l_1、l_2 的方程分别是

   $l_1: A_1x + B_1y + C_1 = 0$, $l_2: A_2x + B_2y + C_2 = 0$,且 $A_1A_2 + B_1B_2 = 0$,求证 $l_1 \perp l_2$.

8. 三角形的三个顶点是 $A(6, 3)$、$B(9, 3)$、$C(3, 6)$,求它的三个内角的度数.

9. 已知直线 l 经过点 $P(2, 1)$,且和直线 $5x + 2y + 3 = 0$ 的夹角等于 $45°$,求直线 l 的方程.

10. 光线从点 $M(-2, 3)$ 射到 x 轴上一点 $P(1, 0)$ 后被 x 轴反射,求反射光线所在直线的方程.

11. 求满足下列条件的直线的方程:

    (1) 经过两条直线 $2x - 3y + 10 = 0$ 和 $3x + 4y - 2 = 0$ 的交点,且垂直于直线 $3x - 2y + 4 = 0$;

    (2) 经过两条直线 $2x + y - 8 = 0$ 和 $x - 2y + 1 = 0$ 的交点,且平行于直线 $4x - 3y - 7 = 0$;

    (3) 经过直线 $y = 2x + 3$ 和 $3x - y + 2 = 0$ 的交点,且垂直于第一条直线.

12. 直线 $ax + 2y + 8 = 0, 4x + 3y = 10$ 和 $2x - y = 10$ 相交于一点,求 a 的值.

13. 求点 $P(-5, 7)$ 到直线 $12x + 5y - 3 = 0$ 的距离.

14. 已知点 $A(a, 6)$ 到直线 $3x - 4y = 2$ 的距离 d 取下列各值,求 a 的值:

    (1) $d = 4$;   (2) $d > 4$.

15. 求证:两条平行线 $Ax + By + C_1 = 0$ 与 $Ax + By + C_2 = 0$ 的距离为

    $$d = \frac{|C_1 - C_2|}{\sqrt{A^2 + B^2}}.$$

16. 求两条平行线 $3x - 2y - 1 = 0$ 和 $3x - 2y + 1 = 0$ 的距离.

复习题 2

A 组

1. 选择题:

   (1) 直线 $2x + y + 1 = 0$ 与 $x + 2y - 1 = 0$ 的位置关系是(   ).

   A. 垂直   B. 相交但不垂直   C. 平行   D. 重合

   (2) 直线 $ax + 2y - 3 = 0$ 与直线 $x + y + 1 = 0$ 互相垂直,则 a 等于(   ).

A. 1　　　　　B. $-\dfrac{1}{3}$　　　　　C. $-\dfrac{2}{3}$　　　　　D. -2

(3) 以点 $A(1,3)$、$B(-5,1)$ 为端点的线段的垂直平分线的方程为（　　）.

A. $3x-y+8=0$　　　　　　　B. $2x-y-6=0$

C. $3x+y+4=0$　　　　　　　D. $12x+y+2=0$

(4) 过点 $P(3,4)$ 且与直线 $3x-2y-7=0$ 垂直的直线方程为（　　）.

A. $2x+3y-18=0$　　　　　　B. $3x+2y-18=0$

C. $2x-3y+18=0$　　　　　　D. $2x-3y-18=0$

(5) 若直线的倾斜角为 $\alpha+25°$，则下列结论中正确的是（　　）.

A. $0°\leqslant\alpha<180°$　　　　　　　B. $25°\leqslant\alpha<180°$

C. $25°\leqslant\alpha<205°$　　　　　　D. $-25°\leqslant\alpha<155°$

2. 填空题：

(1) 点 $(a+1,2a-1)$ 在直线 $x-2y=0$ 上，则 a 的值为_____；

(2) 过点 $A(-1,m)$、$B(m,6)$ 的直线与直线 $l:x-2y+1=0$ 垂直，则 $m=$_____；

(3) 直线过点 $M(-3,2)$、$N(4,-5)$，则直线 MN 的斜率为_____；

(4) 若点 $P(3,4)$ 是线段 AB 的中点，点 A 的坐标为 $(-1,2)$，则点 B 的坐标为_____；

(5) 倾斜角 $\alpha=\dfrac{3\pi}{4}$，过点 $P(-3,4)$ 的直线方程是_____；

(6) 直线 $x=2$ 的倾斜角 $\alpha=$_____，斜率 $k=$_____；

(7) 过点 $M(1,3)$ 且与直线 $3x-5y+11=0$ 平行的直线方程是_____；

(8) 两条平行线 $4x-3y+7=0$ 与 $4x-3y-18=0$ 之间的距离是_____；

(9) 若 l_1、l_2 的斜率是方程 $6x^2-35x-6=0$ 的两个根，则直线 l_1 与 l_2 的夹角为_____；

(10) 直线的斜率为 -2，且经过点 $A(3a,2)$ 和点 $B(-1,2a)$，则 a 的值是_____.

3. 设直线 l 平行于直线 $6x-2y+5=0$，并且经过直线 $3x+2y+1=0$ 与 $2x+3y+4=0$ 的交点，求直线 l 的方程.

4. 设点 P 到直线 $3x-4y+6=0$ 的距离为 6，且点 P 在 x 轴上，求点 P 的坐标.

5. 求经过 $M(1,2)$，且与 $A(5,2)$、$B(3,3)$ 两点距离相等的直线方程.

6. 已知 $A(5,-5)$、$B(1,-2)$，点 C 在直线 $2x+3y+18=0$ 上，并且使 $\triangle ABC$ 的面积等于 10．

求：(1) 点 C 到直线 AB 的距离；

(2) 点 C 的坐标．

解析几何的创始人——笛卡儿

勒内·笛卡儿（Rene Descartes，1596—1650 年）是著名的法国哲学家、物理学家和数学家,是解析几何的创始人.

笛卡儿于 1596 年 3 月 31 日生于法国的一个贵族之家.笛卡儿的父亲是地方议会的议员,也是地方法院的法官.笛卡儿的幼年生活富足,无忧无虑.

八岁时,笛卡儿进入一所教会学校,接受古典教育,校方为照顾他羸弱的身体,特许他可以不必受校规的约束,早晨不必到学校上课,可以在床上读书.因此,他从小养成了喜欢安静,善于思考的习惯.

1612 年笛卡儿到波埃顿大学攻读法律,四年后获法学博士学位.1616 年,在结束学业之后,笛卡儿投笔从戎,开始了人生的探索之路.

长期的军旅生活使笛卡儿感到疲惫,他于 1621 年回国,当时法国正处于内乱时期,于是他去荷兰、瑞士、意大利等地旅行.1625 年返回巴黎,1629 年移居荷兰.

笛卡儿在荷兰居住了 20 多年.在此期间,他对哲学、数学、天文学、物理学、化学和生理学等领域进行了深入的研究,并通过数学家梅森神父与欧洲主要学者保持密切联系,先后发表了许多在数学和哲学上有重大影响的论著.

1637 年,笛卡儿匿名出版了他公开发表的第一部也是他一生中最伟大的著作《更好地指导推理和寻求科学真理的方法谈》.

在书中,笛卡儿精辟地阐述了自己的科学思想,他提倡理性、科学,主张把科学应用于实践,为人类造福;他反对迷信,反对教条,摒弃脱离实际的烦琐哲学.笛卡儿的科学思想对 17 世纪有着决定性的影响.他和伽利略一起,改变科学中的方法论,重新规定科学活动的目标,不仅使科学得到空前伟大的力量,而且把科学和数学紧紧地结合起来了.

开始,笛卡儿用代数的方法分析确定的作图问题.进一步,他研究不确定的问题,这就产生了变数的思想,答案也就由点变成具有特定性质的曲线.在代数上相应得到已知任意长度 x 和未知长度 y 的方程,这样就把几何图形和代数方程联系起来了.

笛卡儿最早建立的坐标系是斜坐标系,即 x 轴与 y 轴并不是互相垂直的,而且 x 和 y 只能取正值.因此,图形局限在第一象限内.不过笛卡儿已经知道,坐标系选取得好,可以简化曲线的方程,而图形的几何性质和坐标系的选取无关,后来他研究了一些具体的曲线类型,也相应地致力于代数方程理论的研究,得到不少有意义的结果.

经过后人的发展,形成了"解析几何"的数学内容,教材中"直线和圆的方程"的内容是"解析几何"中的部分内容.坐标系中,一对有序实数对应着平面上的一个点,一个二元方程对应着平面上的一条曲(直)线.于是,研究这些曲(直)线就可以用研究相应的方程来代替,即用代数的方法研究几何问题.这就是笛卡儿的基本思想.

把"数"与"形"紧密联系在一起的"解析几何",成为一把锋利无比的剑,几何概念可以用代数表示,几何的目标可以通过代数达到;反过来,代数语言有了几何解释,可以直观地掌握这些语言的意义,从中得到启发去提出新的结论.从此以后,数学就以前所未有的速度趋向完善.可以说,17 世纪以来数学的巨大进展,在很大程度上要归功于笛卡儿所创立的解析几何.

正如恩格斯所说:"数学中的转折点是笛卡儿的变数,有了变数,运动进入了数学;有了变数,辩证法进入了数学;有了变数,微分和积分也就立刻成为必要了."

笛卡儿的这些成就,为后来一大批数学家的新发现开辟了道路.

在其他科学领域里,笛卡儿的成就同样硕果累累.笛卡儿靠着天才的直觉和严密的数学推理,在物理学方面同样作出了贡献.

瑞典的克里斯蒂娜女王(1626—1689 年,1644—1654 年在位)听说了笛卡儿的大名,召笛卡儿入宫当自己的指导教师.

女王的精力充沛,身体健壮,结实得像个伐木工人,对寒冷的反应很迟钝,王宫里经常窗户大开,十分寒冷.经常是早晨 5 点,笛卡儿就被人连拉带拽地拖出暖烘烘的被窝,来到冰窖似的王宫,进行讲课.不久,笛卡儿病倒了.女王惊慌了,派了最好的医生,但是也没能够医好笛卡儿的病.1650 年 2 月 11 日,笛卡儿病逝,终年 54 岁.

克里斯蒂娜女王懊悔不已,17 年后,她早已经放弃王位,将笛卡儿的遗体被运回法国,并将其安葬在巴黎的先贤祠.

笛卡儿堪称 17 世纪及其后的欧洲哲学界和科学界最有影响力的巨匠之一,被誉为"近代科学的始祖".

第三部分

圆的方程

- 3.1 圆的方程
- 3.2 直线与圆的位置关系
- 3.3 空间直角坐标系

上一章,我们学习了直线与方程,知道在直角坐标系中,直线可以用方程表示,通过方程,可以研究直线间的位置关系、直线与直线的交点等问题.

本章在上一章的基础上,在直角坐标系中建立圆的方程.通过圆的方程,研究直线与圆、圆与圆的位置关系.

在直角坐标系中,建立几何对象的方程,并通过方程研究几何对象,这是研究几何问题的重要方法.通过坐标系,把点与坐标、曲线与方程联系起来,实现空间形式与数量关系的结合.

3.1 圆的方程

3.1.1 圆的标准方程

我们知道,在平面直角坐标系中,两点确定一条直线,一点和倾斜角也能确定一条直线.

> **思考**
> 在平面直角坐标系中,如何确定一个圆呢?

新知识

显然,当圆心位置与半径大小确定后,圆就唯一确定了.因此,确定一个圆的最基本要素是圆心和半径.如图 3-1 所示,在直角坐标系中,圆心(点)A 的位置用坐标 (a,b) 表示,半径 r 的大小等于圆上任意点 $M(x,y)$ 与圆心 $A(a,b)$ 的距离,圆心为 A 的圆就是集合
$$P=\{M\mid |MA|=r\}.$$

由两点间的距离公式,点 M 的坐标适合的条件可以表示为
$$\sqrt{(x-a)^2+(y-b)^2}=r, \tag{1}$$
方程(1)两边平方,得
$$(x-a)^2+(y-b)^2=r^2. \tag{2}$$

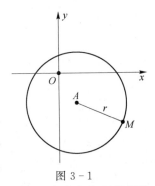

图 3-1

若点 $M(x,y)$ 在圆上,由上述讨论可知,点 M 的坐标适合方程(2);反之,若点 $M(x,y)$ 的坐标适合方程(2),就说明点 M 与圆心 A 的距离为 r,即点 M 在圆心为 A 的圆上.我们把方程(2)称为圆心为 $A(a,b)$,半径长为 r 的圆的方程,把它叫作**圆的标准方程**.

> 圆心在坐标原点,半径长为 r 的圆的方程是什么?

知识巩固

例1 写出圆心为 $A(2,-3)$,半径等于 5 的圆的方程,并判断点 $M_1(5,-7)$、$M_2(-\sqrt{5},-1)$ 是否在这个圆上.

解 圆心是 $A(2,-3)$,半径等于 5 的圆的标准方程是
$$(x-2)^2+(y+3)^2=25.$$
把点 $M_1(5,-7)$ 的坐标代入方程 $(x-2)^2+(y+3)^2=25$,左、右两边相等,点 M_1 的坐标适合圆的方程,所以点 M_1 在这个圆上;把点 $M_2(-\sqrt{5},-1)$ 的坐标代入方程 $(x-2)^2+(y+3)^2=25$,左、右两边不相等,点 M_2 的坐标不适合圆的方程,所以点 M_2 不在这个圆上(见图 3-2).

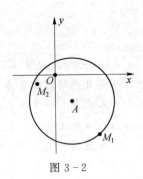

图 3-2

> **探究**
>
> 点 $M_0(x_0, y_0)$ 在圆 $x^2+y^2=r^2$ 内的条件是什么？在圆 $x^2+y^2=r^2$ 外呢？

例 2 △ABC 的三个顶点的坐标分别是 $A(5,1)$、$B(7,-3)$、$C(2,-8)$，求它的外接圆的方程.

分析：不在同一条直线上的三个点可以确定一个圆，三角形有唯一的外接圆.

解 设所求圆的方程是 $(x-a)^2+(y-b)^2=r^2$. ①

因为 $A(5,1)$、$B(7,-3)$、$C(2,-8)$ 都在圆上，所以它们的坐标都满足方程①. 于是
$$\begin{cases}(5-a)^2+(1-b)^2=r^2,\\(7-a)^2+(-3-b)^2=r^2,\\(2-a)^2+(-8-b)^2=r^2.\end{cases}$$

解此方程组，得
$$\begin{cases}a=2,\\b=-3,\\r^2=25.\end{cases}$$

> △ABC 外接圆的圆心是 △ABC 的外心，即 △ABC 三边垂直平分线的交点.

所以，△ABC 的外接圆的方程是
$$(x-2)^2+(y+3)^2=25.$$

例 3 已知圆心为 C 的圆经过点 $A(1,1)$ 和 $B(2,-2)$，且圆心 C 在直线 $l: x-y+1=0$ 上，求圆心为 C 的圆的标准方程.

分析：如图 3-3 所示，确定一个圆只需确定圆心位置与半径大小. 圆心为 C 的圆经过点 $A(1,1)$ 和 $B(2,-2)$，由于圆心 C 与 A、B 两点的距离相等，因此圆心 C 在线段 AB 的垂直平分线 l' 上. 又圆心 C 在直线 l 上，因此圆心 C 是直线 l 与直线 l' 的交点，半径长等于 $|CA|$ 或 $|CB|$.

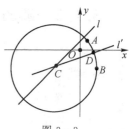

图 3-3

解 因为 $A(1,1)$、$B(2,-2)$，所以线段 AB 的中点 D 的坐标为 $\left(\dfrac{3}{2}, -\dfrac{1}{2}\right)$，直线 AB 的斜率
$$k_{AB}=\frac{-2-1}{2-1}=-3.$$

因此，线段 AB 的垂直平分线 l' 的方程是
$$y+\frac{1}{2}=\frac{1}{3}\left(x-\frac{3}{2}\right),$$

即
$$x-3y-3=0.$$

> 比较例 2 和例 3，你能归纳求任意 △ABC 外接圆的方程的两种方法吗？

圆心 C 的坐标是方程组
$$\begin{cases}x-3y-3=0,\\x-y+1=0\end{cases}$$
的解.

解此方程组,得
$$\begin{cases} x = -3, \\ y = -2. \end{cases}$$

所以,圆心 C 的坐标是 $(-3, -2)$.

圆心为 C 的圆的半径长
$$r = |AC| = \sqrt{(1+3)^2 + (1+2)^2} = 5.$$

所以,圆心为 C 的圆的标准方程是
$$(x+3)^2 + (y+2)^2 = 25.$$

练习

1. 写出下列圆的标准方程:

   (1) 圆心在 $C(-3, 4)$,半径长是 $\sqrt{5}$;

   (2) 圆心在 $C(-8, 3)$,且经过点 $M(-5, -1)$.

2. 已知圆的方程是 $(x-4)^2 + (y+2)^2 = 16$,利用计算器,判断下列各点在圆上、在圆外还是在圆内.

   (1) $M_1(4, -5)$;(2) $M_2(5, 1)$;(3) $M_3(3, -6)$.

3. 已知两点 $P_1(4, 9)$、$P_2(6, 4)$,求以线段 P_1P_2 为直径的圆的方程,并判断点 $M(6, 9)$、$N(3, 4)$、$Q(5, 3)$ 在圆上、在圆内还是在圆外(可利用计算器).

4. 已知 $\triangle AOB$ 的顶点坐标分别是 $A(4, 0)$、$B(0, 3)$、$O(0, 0)$,求 $\triangle AOB$ 外接圆的方程.

3.1.2 圆的一般方程

思考

方程 $x^2 + y^2 - 2x + 4y + 1 = 0$ 表示什么图形?方程 $x^2 + y^2 - 2x - 4y + 6 = 0$ 表示什么图形?

新知识

对方程 $x^2 + y^2 - 2x + 4y + 1 = 0$ 配方,可得
$$(x-1)^2 + (y+2)^2 = 4,$$

此方程表示以 $(1, -2)$ 为圆心,2 为半径的圆.

同样,对方程 $x^2 + y^2 - 2x - 4y + 6 = 0$ 配方,得 $(x-1)^2 + (y-2)^2 = -1$,由于不存在点的坐标 (x, y) 满足这个方程,因此这个方程不表示任何图形.

探究

方程 $x^2 + y^2 + Dx + Ey + F = 0$ 在什么条件下表示圆?

我们来研究方程
$$x^2+y^2+Dx+Ey+F=0. \quad (1)$$
将方程(1)的左边配方,并把常数项移到右边,得
$$\left(x+\frac{D}{2}\right)^2+\left(y+\frac{E}{2}\right)^2=\frac{D^2+E^2-4F}{4}. \quad ①$$

(1) 当 $D^2+E^2-4F>0$ 时,比较方程①和圆的标准方程,可以看出方程(1)表示以 $\left(-\dfrac{D}{2},-\dfrac{E}{2}\right)$ 为圆心,$\dfrac{1}{2}\sqrt{D^2+E^2-4F}$ 为半径的圆;

(2) 当 $D^2+E^2-4F=0$ 时,方程(1)只有实数解 $x=-\dfrac{D}{2}$,$y=-\dfrac{E}{2}$,它表示一个点 $\left(-\dfrac{D}{2},-\dfrac{E}{2}\right)$;

(3) 当 $D^2+E^2-4F<0$ 时,方程(1)没有实数解,它不表示任何图形.

因此,当 $D^2+E^2-4F>0$ 时,方程(1)表示一个圆.方程(1)叫作**圆的一般方程**.圆的一般方程为:
$$x^2+y^2+Dx+Ey+F=0.$$
其中 $D^2+E^2-4F>0$.

> **思考**
> 圆的标准方程与圆的一般方程各有什么特点?怎样互化圆的标准方程和一般方程?

知识巩固

例 4 求过三点 $O(0,0)$、$M_1(1,1)$、$M_2(4,2)$ 的圆的方程,并求这个圆的半径长和圆心坐标.

分析:由于 $O(0,0)$、$M_1(1,1)$、$M_2(4,2)$ 不在同一条直线上,因此经过 O、M_1、M_2 三点有唯一的圆.

解 设圆的方程是
$$x^2+y^2+Dx+Ey+F=0.$$
因为 O、M_1、M_2 三点都在圆上,所以它们的坐标都是方程的解.把它们的坐标依次代入方程,得到关于 D、E、F 的一个三元一次方程组
$$\begin{cases} F=0, \\ D+E+F+2=0, \\ 4D+2E+F+20=0. \end{cases}$$
解这个方程组,得
$$D=-8, E=6, F=0.$$
所以,所求圆的方程是
$$x^2+y^2-8x+6y=0.$$

> 与例 2 的方法比较,你有什么体会?

由前面的讨论可知,所求圆的圆心坐标是 $(4,-3)$,半径 $r=\frac{1}{2}\sqrt{D^2+E^2-4F}=5$.

求圆的方程常用"待定系数法".用"待定系数法"求圆的方程的大致步骤是:

(1)根据题意,选择标准方程或一般方程;
(2)根据条件列出关于 a、b、r 或 D、E、F 的方程组;
(3)解出 a、b、r 或 D、E、F,代入标准方程或一般方程.

例 5 已知线段 AB 的端点 B 的坐标是 $(4,3)$,端点 A 在圆 $(x+1)^2+y^2=4$ 上运动,求线段 AB 的中点 M 的轨迹方程.

> 点 M 的轨迹方程是指点 M 的坐标 (x,y) 满足的关系式.

分析:如图 3-4 所示,点 A 运动引起点 M 运动,而点 A 在已知圆上运动,点 A 的坐标满足方程 $(x+1)^2+y^2=4$.建立点 M 与点 A 坐标之间的关系,就可以建立点 M 的坐标满足的条件,求出点 M 的轨迹方程.

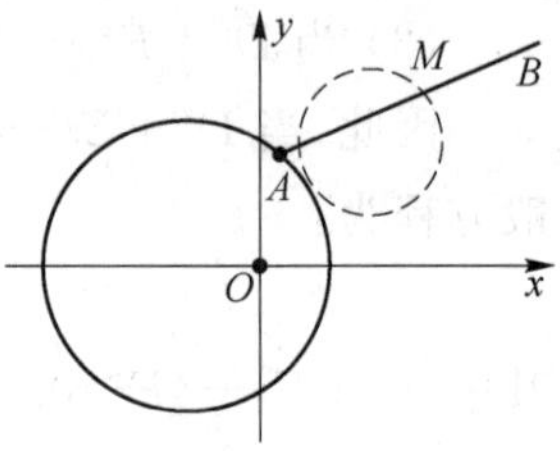

解 设点 M 的坐标是 (x,y),点 A 的坐标是 (x_0,y_0).由于点 B 的坐标是 $(4,3)$,且点 M 是线段 AB 的中点,因此

$$x=\frac{x_0+4}{2}, y=\frac{y_0+3}{2},$$

于是有

$$x_0=2x-4, y_0=2y-3. \qquad ①$$

图 3-4

因为点 A 在圆 $(x+1)^2+y^2=4$ 上运动,所以点 A 的坐标满足方程

$$(x+1)^2+y^2=4, \qquad (1)$$

即

$$(x_0+1)^2+y_0^2=4. \qquad ②$$

把方程①代入方程②,得

$$(2x-4+1)^2+(2y-3)^2=4,$$

整理得

$$\left(x-\frac{3}{2}\right)^2+\left(y-\frac{3}{2}\right)^2=1.$$

这就是点 M 的轨迹方程,它是以 $\left(\frac{3}{2},\frac{3}{2}\right)$ 为圆心,1 为半径的圆.

练习

1. 求下列各方程表示的圆的圆心坐标和半径长:
   (1) $x^2+y^2-6x=0$; (2) $x^2+y^2+2by=0$;
   (3) $x^2+y^2-2ax-2\sqrt{3}ay+3a^2=0$.

2. 判断下列方程分别表示什么图形:
   (1) $x^2+y^2=0$;
   (2) $x^2+y^2-2x+4y-6=0$;
   (3) $x^2+y^2+2ax-b^2=0$.

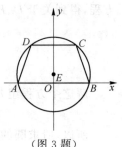

(图 3 题)

3. 如图,等腰梯形 $ABCD$ 的底边长分别为 6 和 4,高为 3,求这个等腰梯形的外接圆的方程,并求这个圆的圆心坐标和半径长.

第三部分 圆的方程

习题 3.1

A 组

1. 求下列各圆的圆心坐标和半径长,并画出它们的图形:
   (1) $x^2+y^2-2x-5=0$;
   (2) $x^2+y^2+2x-4y-4=0$;
   (3) $x^2+y^2+2ax=0$;
   (4) $x^2+y^2-2by-2b^2=0$.

2. 求下列各圆的方程,并画出图形:
   (1) 圆心为点 $C(8,-3)$,且经过点 $A(5,1)$;
   (2) 过 $A(-1,5)$、$B(5,5)$、$C(6,-2)$ 三点.

3. 已知圆 C 的圆心在直线 $l:x-2y-1=0$ 上,并且经过原点和 $A(2,1)$,求圆 C 的标准方程.

4. 圆 C 的圆心在 x 轴上,并且过点 $A(-1,1)$ 和点 $B(1,3)$,求圆 C 的方程.

5. 已知圆的一条直径的端点分别是 $A(x_1,y_1)$ 和 $B(x_2,y_2)$,求证此圆的方程是
$$(x-x_1)(x-x_2)+(y-y_1)(y-y_2)=0.$$

6. 平面直角坐标系中有 $A(0,1)$、$B(2,1)$、$C(3,4)$、$D(-1,2)$ 四点,这四点能否在同一个圆上?为什么?

B 组

1. 等腰三角形的顶点 A 的坐标是 $(4,2)$,底边一个端点 B 的坐标是 $(3,5)$,求另一个端点 C 的轨迹方程,并说明它是什么图形.

2. 长为 $2a$ 的线段 AB 的两个端点 A 和 B 分别在 x 轴和 y 轴上滑动,求线段 AB 的中点的轨迹方程.

3. 已知点 M 与两个定点 $O(0,0)$、$A(3,0)$ 的距离的比为 $\dfrac{1}{2}$,求点 M 的轨迹方程.

坐标法与机器证明

笛卡儿创立了坐标系,使几何问题的求解或求证通过坐标转化为代数方程的求解. 代数方程的求解是一个计算问题,有了坐标,使计算机进入到几何定理的证明中成为可能.

明确提出机器可以成为推理工具的思想,要追溯到 17 世纪德国数学家莱布尼兹(Leibniz,1646—1716 年,微积分创始人之一). 他受笛卡儿思想的启发,认为笛卡儿创立的解析几何,目的是将几何推理转化为计算. 遗憾的是,由于当时的条件限制,计算仅仅是手工操作(手摇计算机),无法进行大量复杂的计算,因此用机器实现几何定理证明的想法无法实现.

20 世纪以后,计算机迅速发展.计算机的发明使一些数学家又开始探讨几何定理证明机械化的可能性.1950 年,波兰数学家塔斯基得到一个引人注目的结论:一切初等几何范畴中的命题都可以用机械方法判定.由于他的判定方法太复杂,因此在实践中没有太大的进展.1959 年,美籍华裔数学家王浩(1921—1999 年)在这方面做出了鼓舞人心的工作,他在计算机上只用了 9 min 就证明了《数学原理》(罗素和怀特海著)中的 350 多个命题,并第一次明确提出了"走向数学的机械化"的口号.

20 世纪 70 年代以后,我国著名数学家吴文俊❶在几何定理机器证明上作出了重大贡献,并创立了"吴方法".

吴文俊机器证明的思想,主要是从笛卡儿的坐标法和中国解方程的计算方法而来的.他认为:欧氏几何体系的特点是纯粹在空间形式间推理,或者在图形之间,或者把数量关系归之于空间形式,或者干脆排除数量关系.另一个体系刚好与之相反,是把空间形式转化成数量关系来处理.这种考虑方式就是中国的传统,早在 11 世纪左右就已产生,当时引进的概念叫天元、地元等,用现在的符号就相当于引进了 x、y 等.用天元、地元表示某一个几何事实,那么几何对象之间的相互关系就表示成天元、地元之间的一种方程(即 x、y 之间的一种方程),即 17 世纪解析几何的坐标法.

吴文俊(1919—　　)

吴文俊认为:欧氏几何体系是非机械化的,把空间形式数量化是机械化的.吴文俊说:"对于几何,对于研究空间形式,你要真正腾飞,不通过数量关系,我想不出有什么好办法.""我从事几何定理证明时,首先取适当的坐标,于是几何定理的假设与终结通常都成为多项式方程,称之为假设方程与终结方程.满足定理假设的几何图像,就相当于假设方程组的一个解答或零点,要证明定理成立,就是要证明假设方程的零点也使终结多项式为零."由于计算机的发展与众多数学家(特别是以吴文俊为首的一批中国数学家)的努力,大约在 1976 年与 1977 年之交,几何定理机器证明的梦想终于实现了.

3.2 直线、圆的位置关系

问题　一个小岛的周围有环岛暗礁,暗礁分布在以小岛的中心为圆心,半径为 30 km 的圆形区域.已知小岛中心位于轮船正西 70 km 处,港口位于小岛中心正北 40 km 处,如果轮船沿直线返港,那么它是否有触礁危险?

为解决这个问题,我们以小岛的中心为原点 O,东、西方向为 x 轴,建立如图 3-5 所示的直角坐标系,其中,取 10 km 为单位长度.

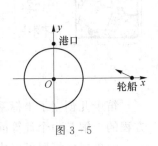

图 3-5

---

❶　吴文俊,中科院院士.在拓扑学、自动推理、机器证明、代数几何、中国数学史、对策论等研究领域均有杰出的贡献.2001 年获首届国家最高科学技术奖.

这样,受暗礁影响的圆形区域所对应的圆心为 O 的圆的方程为
$$x^2+y^2=9.$$
轮船航线所在直线 l 的方程为
$$4x+7y-28=0.$$
问题归结为以 O 为圆心的圆与直线 l 有无公共点.

> 如果不建立直角坐标系,你能解决这个问题吗?

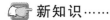新知识

3.2.1 直线与圆的位置关系

由平面几何知,直线与圆有三种位置关系:
(1) 直线与圆相交,有两个公共点;
(2) 直线与圆相切,只有一个公共点;
(3) 直线与圆相离,没有公共点.

> **思考**
> 在初中,我们怎样判断直线与圆的位置关系?现在,如何用直线的方程和圆的方程判断它们之间的位置关系?

下面我们先看几个例子.

知识巩固

例 1 如图 3-6 所示,已知直线 $l:3x+y-6=0$ 和圆心为 C 的圆 $:x^2+y^2-2y-4=0$,判断直线 l 与圆的位置关系;如果相交,求它们交点的坐标.

分析:方法一,判断直线 l 与圆的位置关系,就是看由它们的方程组成的方程组有无实数解,有几组实数解;方法二,可以依据圆心到直线的距离与半径长的关系,判断直线与圆的位置关系.

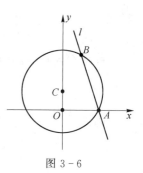

图 3-6

解法 1 由直线 l 与圆的方程,得
$$\begin{cases} 3x+y-6=0, & ① \\ x^2+y^2-2y-4=0. & ② \end{cases}$$
消去 y,得
$$x^2-3x+2=0.$$
因为
$$\Delta=(-3)^2-4\times1\times2$$
$$=1>0,$$
所以直线 l 与圆相交,有两个公共点.

解法 2 圆 $x^2+y^2-2y-4=0$ 可化为 $x^2+(y-1)^2=5$,其圆心 C 的坐标为 $(0,1)$,半径长为 $\sqrt{5}$,点 $C(0,1)$ 到直线 l 的距离

$$d=\frac{|3\times 0+1-6|}{\sqrt{3^2+1^2}}=\frac{5}{\sqrt{10}}<\sqrt{5}.$$

所以，直线 l 与圆相交，有两个公共点.

由 $x^2-3x+2=0$，解得
$$x_1=2,x_2=1.$$

把 $x_1=2$ 代入方程①，得 $y_1=0$；

把 $x_2=1$ 代入方程①，得 $y_2=3$.

所以，直线 l 与圆有两个交点，它们的坐标分别是
$$A(2,0)、B(1,3).$$

例 2 已知过点 $M(-3,-3)$ 的直线 l 被圆 $x^2+y^2+4y-21=0$ 所截得的弦长为 $4\sqrt{5}$，求直线 l 的方程.

解 将圆的方程写成标准形式，得
$$x^2+(y+2)^2=25.$$

所以，圆心的坐标是 $(0,-2)$，半径 $r=5$.

如图 3-7 所示，因为直线 l 被圆所截得的弦长是 $4\sqrt{5}$，所以弦心距为
$$\sqrt{5^2-\left(\frac{4\sqrt{5}}{2}\right)^2}=\sqrt{5},$$

即圆心到所求直线 l 的距离为 $\sqrt{5}$.

因为直线 l 过点 $M(-3,-3)$，所以可设所求直线 l 的方程为
$$y+3=k(x+3),$$

即
$$kx-y+3k-3=0.$$

根据点到直线的距离公式，得到圆心到直线 l 的距离
$$d=\frac{|2+3k-3|}{\sqrt{k^2+1}}.$$

因此，
$$\frac{|2+3k-3|}{\sqrt{k^2+1}}=\sqrt{5},$$

即
$$|3k-1|=\sqrt{5+5k^2}.$$

两边平方，并整理得
$$2k^2-3k-2=0.$$

解得
$$k=-\frac{1}{2} \text{ 或 } k=2.$$

所以，所求直线 l 有两条，它们的方程分别为
$$y+3=-\frac{1}{2}(x+3)$$

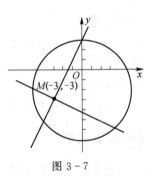

图 3-7

适当地利用图形的几何性质,有助于简化计算.

或
$$y+3=2(x+3).$$
即
$$x+2y+9=0 \text{ 或 } 2x-y+3=0.$$

通过上述例子我们可以发现:判断直线 l 与圆 C 的位置关系有两种方法:一种方法是判断直线 l 与圆 C 的方程组成的方程组是否有解.有两组实数解时,直线 l 与圆 C 相交;有一组实数解时,直线 l 与圆 C 相切;无实数解时,直线 l 与圆 C 相离.另一种方法是判断圆 C 的圆心到直线 l 的距离 d 与圆的半径 r 的关系.如果 $d<r$,则直线 l 与圆 C 相交;如果 $d=r$,则直线 l 与圆 C 相切;如果 $d>r$,则直线 l 与圆 C 相离.重点掌握第二种判断方法.

练习

1. 已知直线 $4x+3y-35=0$ 与圆心在坐标原点的圆 C 相切,求圆 C 的方程.
2. 判断直线 $3x+4y+2=0$ 与圆 $x^2+y^2-2x=0$ 的位置关系.
3. 已知直线 $l:y=x+6$,圆 $C:x^2+y^2-2y-4=0$.试判断直线 l 与圆 C 有无公共点,有几个公共点.

3.2.2 圆与圆的位置关系

前面我们运用直线与圆的方程,研究了直线与圆的位置关系.现在我们运用圆的方程,研究圆与圆的位置关系.

> **思考**
> 圆与圆的位置关系有哪几种?如何根据圆的方程,判断它们之间的位置关系?

知识巩固

例3 已知圆 $C_1:x^2+y^2+2x+8y-8=0$,圆 $C_2:x^2+y^2-4x-4y-2=0$,试判断圆 C_1 与圆 C_2 的位置关系.

分析:方法一,判断圆 C_1 与圆 C_2 有几个公共点,由它们的方程组成的方程组有几组实数解确定;方法二,可以依据连心线的长与两半径长的和 r_1+r_2 或两半径长的差的绝对值 $|r_1-r_2|$ 的大小关系,判断两圆的位置关系.重点掌握方法二.

> 画出圆 C_1 与圆 C_2 以及方程③表示的直线,你发现了什么?你能说明为什么吗?

解法1 将圆 C_1 与圆 C_2 的方程联立,得到方程组
$$\begin{cases} x^2+y^2+2x+8y-8=0, & ① \\ x^2+y^2-4x-4y-2=0. & ② \end{cases}$$

方程①-方程②得
$$x+2y-1=0. \qquad ③$$

由方程③得

$$y = \frac{1-x}{2}.$$

把上式代入方程①,并整理得

$$x^2 - 2x - 3 = 0. \quad ④$$

方程④根的判别式

$$\Delta = (-2)^2 - 4 \times 1 \times (-3)$$
$$= 16 > 0.$$

所以,方程④有两个不相等的实数根 x_1、x_2,把 x_1、x_2 分别代入方程③,得到 y_1、y_2.

因此圆 C_1 与圆 C_2 有两个不同的公共点 $A(x_1, x_2)$、$B(x_2, y_2)$,圆 C_1 与圆 C_2 相交.

解法 2 把圆 C_1 的方程化成标准方程,得

$$(x+1)^2 + (y+4)^2 = 25,$$

圆 C_1 的圆心是点 $(-1, -4)$,半径 $r_1 = 5$.

把圆 C_2 的方程化成标准方程,得

$$(x-2)^2 + (y-2)^2 = 10,$$

圆 C_2 的圆心是点 $(2, 2)$,半径 $r_2 = \sqrt{10}$.

圆 C_1 与圆 C_2 的连心线的长为

$$\sqrt{(-1-2)^2 + (-4-2)^2} = 3\sqrt{5}.$$

圆 C_1 与圆 C_2 的两半径长之和是

$$r_1 + r_2 = 5 + \sqrt{10}.$$

两半径长之差为

$$r_1 - r_2 = 5 - \sqrt{10}.$$

> 本题只要判断圆 C_1 与圆 C_2 是否有公共点,并不需要求出公共点的坐标,因此不必解方程④,具体求出两个实数根.

因为 $5 - \sqrt{10} < 3\sqrt{5} < 5 + \sqrt{10}$,即 $r_1 - r_2 < 3\sqrt{5} < r_1 + r_2$,所以圆 C_1 与圆 C_2 相交(见图 3-8),它们有两个公共点 A、B.

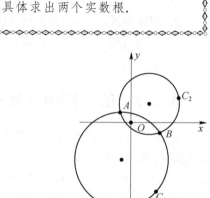

图 3-8

练习

已知圆 $C_1 : x^2 + y^2 + 2x + 3y + 1 = 0$,圆 $C_2 : x^2 + y^2 + 4x + 3y + 2 = 0$,判断圆 C_1 与圆 C_2 的位置关系.

3.2.3 直线与圆的方程的应用

直线与圆的方程在生产、生活实践以及数学中有着广泛的应用,本节通过几个例子说明直线与圆的方程在实际生活以及平面几何中的应用.

知识巩固

例 4 图 3-9 所示为某圆拱形桥一孔圆拱的示意图.这个圆的圆拱跨度 $AB = 20$ m,拱高 $OP = 4$ m,建造时每间隔 4 m 需要用一根支柱支撑,求支柱 A_2P_2 的高度(精确到 0.01 m).

分析:建立图 3-10 所示直角坐标系,只需求出 P_2 的纵坐标,

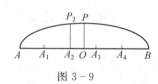

图 3-9

就可得出支柱 A_2P_2 的高度.

解 建立图 3-10 所示的直角坐标系,使圆心在 y 轴上. 设圆心的坐标是 $(0,b)$,圆的半径是 r,那么圆的方程是
$$x^2+(y-b)^2=r^2.$$

下面确定 b 和 r 的值.

因为 P、B 都在圆上,所以它们的坐标 $(0,4)$、$(10,0)$ 都满足方程 $x^2+(y-b)^2=r^2$. 于是,得到方程组
$$\begin{cases} 0^2+(4-b)^2=r^2, \\ 10^2+(0-b)^2=r^2. \end{cases}$$

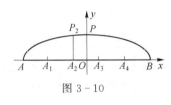

图 3-10

解得
$$b=-10.5, r^2=14.5^2.$$

所以,圆的方程是
$$x^2+(y+10.5)^2=14.5^2.$$

把点 P_2 的横坐标 $x=-2$ 代入圆的方程,得
$$(-2)^2+(y+10.5)^2=14.5^2,$$

即 $y+10.5=\sqrt{14.5^2-(-2)^2}$($P_2$ 的纵坐标 $y>0$,平方根取正值). 所以
$$y=\sqrt{14.5^2-(-2)^2}-10.5$$
$$\approx 14.36-10.5$$
$$=3.86(\text{m}).$$

答 支柱 A_2P_2 的高度约为 3.86 m.

例 5 已知内接于圆的四边形的对角线互相垂直,求证圆心到一边的距离等于这条边所对边长的一半.

分析:如图 3-11 所示,选择互相垂直的两条对角线所在的直线为坐标轴. 本题的关键是求出圆心 O' 的坐标:过 O' 作 AC 的垂线,垂足为 M,M 是 AC 的中点;垂足 M 的横坐标与 O' 的横坐标一致. 同法可求出 O' 的纵坐标.

证明 如图 3-11 所示,以四边形 $ABCD$ 互相垂直的对角线 CA、DB 所在直线分别为 x 轴、y 轴,建立直角坐标系. 设 $A(a,0)$、$B(0,b)$、$C(c,0)$、$D(0,d)$.

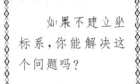

图 3-11

过四边形 $ABCD$ 外接圆的圆心 O' 分别作 AC、BD、AD 的垂线,垂足分别为 M、N、E,则 M、N、E 分别是线段 AC、BD、AD 的中点. 由线段的中点坐标公式,得
$$x'_O=x_M=\frac{a+c}{2}, y'_O=y_N=\frac{b+d}{2}, x_E=\frac{a}{2}, y_E=\frac{d}{2}.$$

所以,
$$|O'E|=\sqrt{\left(\frac{a+c}{2}-\frac{a}{2}\right)^2+\left(\frac{b+d}{2}-\frac{d}{2}\right)^2}=\frac{1}{2}\sqrt{b^2+c^2}.$$

又
$$|BC|=\sqrt{b^2+c^2},$$

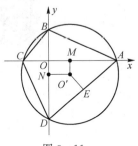

x'_O、y'_O 分别表示点 O' 的横坐标和纵坐标.

所以，
$$|O'E| = \frac{1}{2}|BC|.$$

用坐标方法解决几何问题时，先用坐标和方程表示相应的几何元素：点、直线、圆，将几何问题转化为代数问题；然后通过代数运算解决代数问题；最后解释代数运算结果的几何含义，得到几何问题的结论．下面是用坐标方法解决平面几何问题的"三步曲"：

第一步：建立适当的平面直角坐标系，用坐标和方程表示问题中的几何元素，将平面几何问题转化为代数问题；

第二步：通过代数运算，解决代数问题；

第三步：把代数运算结果"翻译"成几何结论．

练习

1. 求直线 $l: 2x - y - 2 = 0$ 被圆 $C: (x-3)^2 + y^2 = 9$ 所截得的弦长．
2. 六广大桥的跨度是 37.4 m，圆拱高约为 7.2 m，求这座圆拱桥的拱圆的方程．
3. 某圆拱桥的水面跨度为 20 m，拱高为 4 m．现有一船，宽 10 m，水面以上高 3 m，这条船能否从桥下通过？
4. 等边 $\triangle ABC$ 中，点 D、E 分别在边 BC、AC 上，且 $|BD| = \frac{1}{3}|BC|$，$|CE| = \frac{1}{3}|CA|$，AD、BE 相交于点 P，求证：$AP \perp CP$．

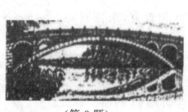

（第 2 题）

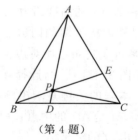

（第 4 题）

习题 3.2

A 组

1. 判断直线 $4x - 3y = 50$ 与圆 $x^2 + y^2 = 100$ 的位置关系．如果有公共点，求出公共点的坐标．
2. 求下列条件确定的圆的方程，并画出它们的图形：
   (1) 圆心为 $M(3, -5)$，且与直线 $x - 7y + 2 = 0$ 相切；
   (2) 圆心在 y 轴上，半径长是 5，且与直线 $y = 6$ 相切．

3. 求以 $N(1,3)$ 为圆心,并且与直线 $3x-4y-7=0$ 相切的圆的方程.

4. 求圆心在直线 $x-y-4=0$ 上,并且经过圆 $x^2+y^2+6x-4=0$ 与圆 $x^2+y^2+6y-28=0$ 的交点的圆的方程.

5. 求直线 $l:3x-y-6=0$ 被圆 $C:x^2+y^2-2x-4y=0$ 截得的弦 AB 的长.

6. 求圆心在直线 $3x-y=0$ 上,与 x 轴相切,且被直线 $x-y=0$ 截得的弦长为 $2\sqrt{7}$ 的圆的方程.

7. 求与圆 $C:x^2+y^2-x+2y=0$,关于直线 $l:x-y+1=0$ 对称的圆的方程.

8. 在 Rt△ABC 中,斜边 BC 长为 m,以 BC 的中点 O 为圆心,作半径长为 $n\left(n<\dfrac{m}{2}\right)$ 的圆,分别交 BC 于 P、Q 两点,求证:$|AP|^2+|AQ|^2+|PQ|^2$ 为定值.

9. 求圆 $x^2+y^2-4=0$ 与圆 $x^2+y^2-4x+4y-12=0$ 的公共弦的长.

10. 求经过点 $M(2,-2)$ 以及 $x^2+y^2-6x=0$ 与 $x^2+y^2=4$ 交点的圆的方程.

11. 求经过点 $M(3,-1)$,且与圆 $C:x^2+y^2+2x-6y+5=0$ 相切于点 $N(1,2)$ 的圆的方程.

B 组

1. 如图,某台机器的三个齿轮,A 与 B 啮合,C 与 B 也啮合. 若 A 轮的直径为 200 cm,B 轮的直径为 120 cm,C 轮的直径为 250 cm,且 $\angle A=45°$. 试建立适当的坐标系,用坐标法求出 A、C 两齿轮的中心距离(精确到 1 cm).

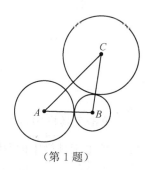

(第 1 题)

2. 已知点 $A(-2,-2)$、$B(-2,6)$、$C(4,-2)$,点 P 在圆 $x^2+y^2=4$ 上运动,求 $|PA|^2+|PB|^2+|PC|^2$ 的最大值和最小值.

3. 已知圆 $x^2+y^2=4$,直线 $l:y=x+b$. 当 b 为何值时,圆 $x^2+y^2=4$ 上恰有 3 个点到直线 l 的距离都等于 1.

4. 如图,圆 $x^2+y^2=8$ 内有一点 $P_0(-1,2)$,AB 为过点 P_0 且倾斜角为 α 的弦.

   (1) 当 $\alpha=135°$ 时,求 AB 的长;

   (2) 当弦 AB 被点 P_0 平分时,写出直线 AB 的方程.

5. 已知点 $P(-2,-3)$ 和以 Q 为圆心的圆 $(x-4)^2+(y-2)^2=9$.

   (1) 画出以 PQ 为直径,以 Q' 为圆心的圆,再求出它的方程;

   (2) 作出以 Q 为圆心的圆和以 Q' 为圆心的圆的两个交点 A、B. 直线 PA、PB 是以 Q 为圆心的圆的切线吗?为什么?

   (3) 求直线 AB 的方程.

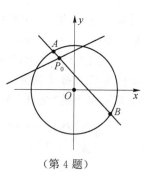

(第 4 题)

利用几何画板软件绘图 2

前面学习了一些"变换"工具的使用方法,下面学习用几何画板构造点、直线和圆的基本方法,学会利用"动画"工具、"移动"工具制作操作类按钮,并通过它展示直线和圆的三种位置关系及其变换过程.

打开几何画板软件,单击工具栏中的"线段直尺工具"图标"▢",在空白处双击,绘出一条线段,标签设为"r". 单击工具栏中的"点工具"图标"▢",在空白处单击,出现一个点,标签设为"O". 单击工具栏中的"移动箭头工具"图标"▢",依次选中 O 点和线段 r,单击"构造(C)"菜单下的"以圆心和半径作圆",得到一个以 O 为圆心、以 r 为半径的圆,如图 3-12 所示.

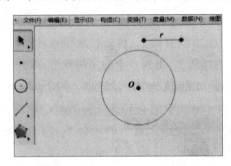

图 3-12

单击工具栏中的"点工具"图标"▢",在圆外的空白处单击,绘出一个点,标签设为"B",单击工具栏中的"移动箭头工具"图标"▢",依次选中 O 点和 B 点,单击"构造(C)"菜单下的"线段",得到线段 OB,这时 OB 处于被选中的状态. 单击"构造(C)"菜单下的"线段上的点",线段 OB 上出现一个点,标签设为"A",这时 A 点被选中,继续单击线段 OB,二者同时被选中. 单击"构造(C)"菜单下的"垂线",屏幕出现一条"很长"的直线,标签设为"l",这是一条过 A 点且与线段 OB 垂直的直线,如图 3-13 所示.

仅选中线段 OB,单击"构造(C)"菜单下的"线段上的点",得到一个点,标签设为"C",用鼠标将 C 点拖放到圆内适当的位置. 单击空白处,再选中线段 OB,同时选中圆,单击"构造(C)"菜单下的"交点",将点的标签设为"D",如图 3-14 所示.

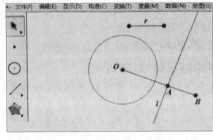

图 3-13

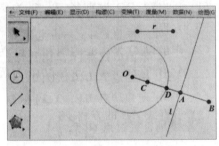

图 3-14

下面我们制作动画按钮.仅选中 A 点,单击"编辑(E)"菜单下的"操作类按钮",在子菜单中单击"动画",在打开窗口的"动画"中进行设置,这里取默认设置,单击"确定".这时屏幕出现一个按钮"动画点",更改它的标签为"直线与圆的位置关系".

单击空白处,依次选中 A 点和 C 点,然后单击"编辑(E)"菜单下的"操作类按钮",在子菜单中单击"移动".在打开窗口的"移动"中取默认设置,单击"确定",这时屏幕出现一个按钮"移动A→C",更改它的标签为"相交",与这个按钮的做法类似,将 C 点替换为 D 点,得到按钮"移动A→D",更改它的标签为"相切".同样,再将 C 点替换为 B 点,得到按钮"移动A→B",更改它的标签为"相离",按钮制作完成,如图 3-15 所示.

按钮做完后,先不急着单击.为了便于观察,我们先把图像调整一下.单击空白处,依次选中 O 点和 A 点,单击"构造(C)"菜单下的"线段",这时线段 OB 变为虚线,而线段 OA 为实线.单击工具栏中的"标记工具"图标"·",然后将鼠标移到 A 点上方的直线上(移动时鼠标的形状会发生变化),按住鼠标左键滑到 A 点左侧的线段上,出现一个圆角的标记,放开鼠标就变成了一个小直角的标记,同时直线 l 上出现一个点,如图 3-16 所示.

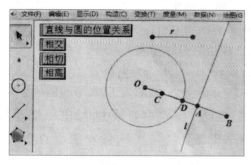

图 3-15

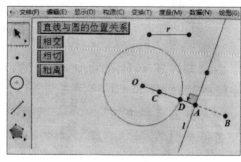

图 3-16

习题 3

1. 选择题:

   (1) 圆 $x^2+y^2-10y=0$ 的圆心到直线 $3x+4y-5=0$ 的距离等于(   ).

   A. $\dfrac{2}{5}$ B. 3   C. $\dfrac{5}{7}$ D. 15

   (2) 半径为 3,且与 y 轴相切于坐标原点的圆的方程为(   ).

   A. $(x-3)^2+y^2=9$
   B. $(x+3)^2+y^2=0$
   C. $x^2+(y+3)^2=9$
   D. $(x-3)^2+y^2=9$ 或 $(x+3)^2+y^2=9$

   (3) 直线 $y=-\sqrt{3}x$ 与 l 圆 $(x-4)^2+y^2=4$ 的位置关系是(   ).

   A. 相切   B. 相离
   C. 相交且过圆心   D. 相交但不过圆心

(4) 过原点的直线与圆 $x^2+y^2+4x+3=0$ 相切,若切点在第三象限,则该直线的方程为( ).

A. $y=\sqrt{3}x$ B. $y=-\sqrt{3}x$

C. $y=\dfrac{\sqrt{3}}{3}x$ D. $y=-\dfrac{\sqrt{3}}{3}x$

(5) 直线 $5x+12y-8=0$ 与圆 $(x-2)^2+y^2=1$ 的位置关系是( ).

A. 相离 B. 相切

C. 过圆心 D. 相交不过圆心

2. 填空：

(1) 过圆 $x^2+y^2=r^2$ 上一点 $P(x_0,y_0)$ 的切线方程是 _____.

(2) 已知圆的方程为 $x^2+y^2-2x-4y+1=0$,则过点 $A(-3,0)$,且与该圆相切的直线方程是 _____.

(3) 若直线 l 将圆 $x^2+y^2-2x-4y=0$ 平分,且不通过第四象限,则直线 l 的斜率的取值范围是 _____.

(4) 圆 $x^2+y^2-2x+4y+m=0$ 的半径是 2,则 m 等于 _____.

(5) 设圆的方程是 $x^2+y^2+3x+4y=0$,则该圆的圆心坐标为 _____.

3. 求圆心为 $C(1,3)$,且与直线 $3x-4y-7=0$ 相切的圆的方程.

4. 已知圆 $x^2+y^2+Dx+Ey-6=0$ 的圆心为点 $C(3,4)$,求圆的半径 r.

5. 求经过直线 $x+2y+1=0$ 与直线 $2x+y-1=0$ 的交点,圆心为 $L(4,3)$ 的圆的方程.

6. 设与直线 $x-y-1=0$ 相切的圆,经过点 $(2,-1)$,且圆心在直线 $2x+y=0$ 上,求这个圆的方程.

第四部分

圆锥曲线

◆ 4.1 椭圆

◆ 4.2 双曲线

◆ 4.3 抛物线

  1997年年初，中国科学院紫金山天文台发布了一条消息"从1997年2月中旬起，海尔·波普彗星将逐渐接近地球，4月以后，又将渐渐离去，并预测3 000年后，它还将光临地球上空。"1997年2月至3月，许多人目睹了这一天文现象．

  天文学家是如何计算出彗星出现的准确时间的呢？原来，海尔·波普彗星运行的轨道是一个椭圆，通过观察它运行中的一些有关数据，可以推算出它的运行轨道的方程，从而算出它运行的周期及轨道的周长．在太阳系中，天体运行的轨道除椭圆外，还有抛物线、双曲线等．

  在初中几何里我们知道，用一个垂直于圆锥的轴的平面截圆锥，得到的截面是一个圆．如果改变平面与圆锥轴线的夹角，会得到一些不同的图形，它们分别是椭圆、双曲线、抛物线等．因此，通常把椭圆、双曲线、抛物线统称为圆锥曲线．

  圆锥曲线是我们在生活中常见的曲线，例如倾斜着的圆柱形水杯的水面的边界线，汽车油罐截面的轮廓线，发电厂通风塔的外形线，拦洪坝的曲线，探照灯反光镜的轴截面的曲线，等等．本章将分别学习如何建立这些曲线的方程，然后利用方程研究它们的性质，并介绍运用这些性质解决实际问题的一些简单实例．

4.1 椭　　圆

4.1.1 椭圆及其标准方程

案例

取一条一定长的细绳,把它的两端固定在画图板上的 F_1 和 F_2 两点(见图 4-1),当绳长大于 F_1 和 F_2 的距离时,用铅笔尖把绳子拉紧,使笔尖在图板上慢慢移动,就可以画出一个椭圆.

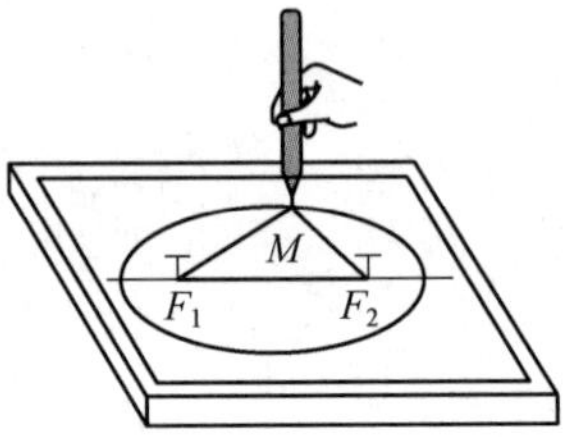

图 4-1

新知识

从上面的画图过程,我们可以看出,椭圆是与点 F_1、F_2 的距离的和等于定长(即这条绳长)的点的集合.

我们把平面内与两个定点 F_1、F_2 的距离的和等于常数(大于 $|F_1F_2|$)的点的轨迹叫作**椭圆**.这两个定点叫作**椭圆的焦点**,两焦点的距离叫作**椭圆的焦距**.

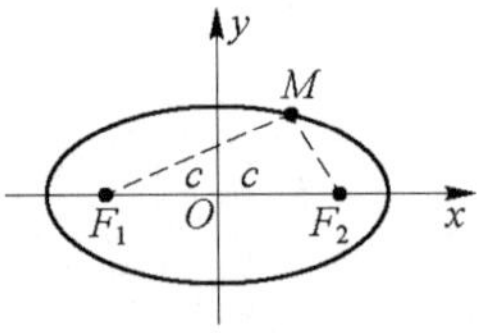

根据椭圆的定义,我们来求椭圆的方程.

如图 4-2 所示,建立直角坐标系 xOy,使 x 轴经过点 F_1、F_2,并且点 O 与线段 F_1F_2 的中点重合❶.

图 4-2

设 $M(x,y)$ 为椭圆上任意一点,椭圆的焦距为 $2c(c>0)$,那么,焦点 F_1、F_2 的坐标分别是 $(-c,0)$、$(c,0)$.又设 M 与 F_1 和 F_2 的距离的和等于常数 $2a$.

由椭圆的定义知,椭圆就是集合

$$P=\{M\,|\,|MF_1|+|MF_2|=2a\}.$$

因为
$$|MF_1|=\sqrt{(x+c)^2+y^2},$$
$$|MF_2|=\sqrt{(x-c)^2+y^2},$$

所以
$$\sqrt{(x+c)^2+y^2}+\sqrt{(x-c)^2+y^2}=2a.$$

将这个方程移项后两边平方,得
$$(x+c)^2+y^2=4a^2-4a\sqrt{(x-c)^2+y^2}+(x-c)^2+y^2.$$

整理得
$$a^2-cx=a\sqrt{(x-c)^2+y^2}.$$

---

❶ 选择坐标系时,应注意使已知点的坐标尽可能简单.这里建立坐标系的方法是常用的方法之一,在后面方程化简的过程中,可以看到它的优越之处.

上式两边再平方,得
$$a^4-2a^2cx+c^2x^2=a^2x^2-2a^2cx+a^2c^2+a^2y^2.$$
整理得
$$(a^2-c^2)x^2+a^2y^2=a^2(a^2-c^2).$$

由椭圆的定义可知,$2a>2c$,即 $a>c$,所以 $a^2-c^2>0$.

令 $a^2-c^2=b^2$❶,其中 $b>0$,代入上式,得
$$b^2x^2+a^2y^2=a^2b^2,$$
两边同除以 a^2b^2,得
$$\frac{x^2}{a^2}+\frac{y^2}{b^2}=1(a>b>c).$$ ①

这个方程叫作**椭圆的标准方程**. 它所表示的椭圆的焦点在 x 轴上,焦点是 $F_1(-c,0)$、$F_2(c,0)$,这里 $c^2=a^2-b^2$.

如果使点 F_1、F_2 在 y 轴上,点 F_1、F_2 的坐标分别为 $F_1(0,-c)$、$F_2(0,c)$(见图 4-3),a、b 的意义同上,那么所得方程变为
$$\frac{y^2}{a^2}+\frac{x^2}{b^2}=1(a>b>c).$$ ②

这个方程也是椭圆的标准方程.

实际上,图 4-3 相当于先将图 4-2 中的 x 轴、y 轴交换,再将 x 轴改变方向. 因此,只要将方程①中的 x、y 互换❷,就可以得到焦点在 y 轴上的椭圆的标准方程.

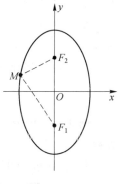

图 4-3

知识巩固

例 1 求适合下列条件的椭圆的标准方程:

(1) 两个焦点的坐标分别是 $(-4,0)$、$(4,0)$,椭圆上一点 P 到两焦点距离的和等于 10;

(2) 两个焦点的坐标分别是 $(0,-2)$、$(0,2)$,并且椭圆经过点 $\left(-\frac{3}{2},\frac{5}{2}\right)$.

解 (1) 因为椭圆的焦点在 x 轴上,所以设它的标准方程为
$$\frac{x^2}{a^2}+\frac{y^2}{b^2}=1(a>b>0).$$

因为 $2a=10,2c=8$,

所以 $a=5,c=4$.

得 $b^2=a^2-c^2=5^2-4^2=9$.

所以,所求椭圆的标准方程为

---

❶ 令 $a^2-c^2=b^2$ 不仅可以使方程变得简单整齐,同时在下一节讨论椭圆的几何性质时,我们会看到它还有明确的几何意义.

❷ 虽然 x 轴方向改变了,但是方程①中以 $-y$ 代 y 后方程仍保持不变.

$$\frac{x^2}{25}+\frac{y^2}{9}=1.$$

(2)因为椭圆的焦点在 y 轴上,所以设它的标准方程为
$$\frac{y^2}{a^2}+\frac{x^2}{b^2}=1(a>b>0).$$

由椭圆的定义知,
$$2a=\sqrt{\left(-\frac{3}{2}\right)^2+\left(\frac{5}{2}+2\right)^2}+\sqrt{\left(-\frac{3}{2}\right)^2+\left(\frac{5}{2}-2\right)^2}$$
$$=\frac{3}{2}\sqrt{10}+\frac{1}{2}\sqrt{10}$$
$$=2\sqrt{10},$$

即 $a=\sqrt{10}$.

又 $c=2$,

所以 $b^2=a^2-c^2=10-4=6$.

所以,所求椭圆的标准方程为
$$\frac{y^2}{10}+\frac{x^2}{6}=1.$$

例 2 已知 B、C 是两个定点,$|BC|=6$,且 $\triangle ABC$ 的周长等于 16,求顶点 A 的轨迹方程.

分析:在解析几何里,求符合某种条件的点的轨迹方程,要建立适当的坐标系.为选择适当的坐标系,常常需要画出草图.

如图 4-4 所示,由 $\triangle ABC$ 的周长等于 16,$|BC|=6$ 可知,点 A 到 B、C 两点的距离的和是常数,即 $|AB|+|AC|=16-6=10$,因此,点 A 的轨迹是以 B、C 为焦点的椭圆,据此可建立坐标系并画出草图(见图 4-4).

解 如图 4-4 所示,建立坐标系,使 x 轴经过点 B、C,坐标原点 O 与 BC 的中点重合.

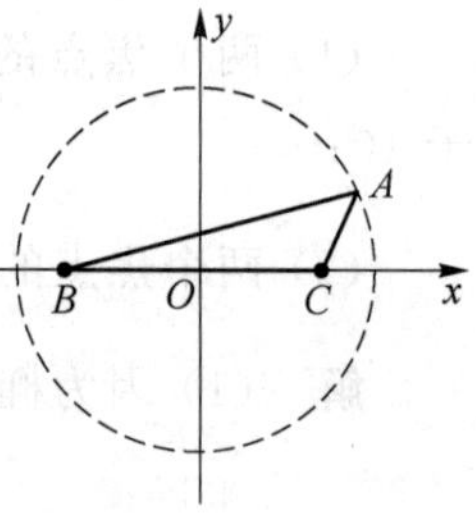

由已知 $|AB|+|AC|+|BC|=16$,$|BC|=6$,有 $|AB|+|AC|=10$.

即点 A 的轨迹是椭圆,且
$$2c=6,2a=16-6=10,$$
所以 $c=3,a=5,b^2=5^2-3^2=16.$

但当点 A 在直线 BC 上,即 $y=0$ 时,A、B、C 三点不能构成三角形,所以点 A 的轨迹方程是
$$\frac{x^2}{25}+\frac{y^2}{16}=1(y\neq 0).$$

图 4-4

求出曲线的方程后,要注意检查一下方程的曲线上的点是否都符合题意,如果有不符合题意的点,应在所得方程后注明限制条件.

例 3 如图 4-5 所示,以一个圆的圆心为坐标原点,半径为 2.从这个圆上任意一点 P 向 x 轴作垂线段 PP',求线段 PP' 中点 M 的轨迹.

解 设点 M 的坐标为 (x,y),点 P 的坐标为 (x_0,y_0),则

$$x = x_0, y = \frac{y_0}{2}.$$

因为 $P(x_0, y_0)$ 在圆 $x^2 + y^2 = 4$ 上,所以
$$x_0^2 + y_0^2 = 4. \qquad ①$$

将 $x_0 = x, y_0 = 2y$ 代入方程①得
$$x^2 + 4y^2 = 4,$$

即
$$\frac{x^4}{4} + y^2 = 1.$$

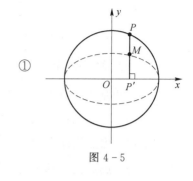

图 4-5

所以,点 M 的轨迹是一个椭圆(见图 4-5).

本题在求点 $M(x, y)$ 的轨迹方程时,不是直接建立关于 x、y 之间关系的方程,而是先寻找 x、y 与中间变量 x_0、y_0 之间的关系.然后利用已知关于 x_0、y_0 之间关系的方程,得到关于 x、y 之间关系的方程.这种利用中间变量求点的轨迹方程的方法是解析几何中常用的方法.

[由本题的结论可以看到,将圆按照某个方向均匀地压缩(拉长),可以得到椭圆.]

练习

1. 平面内两个定点的距离等于 8,一个动点 M 到这两个定点的距离的和等于 10.建立适当的坐标系,写出动点 M 的轨迹方程.

2. 填空:

如果椭圆 $\frac{x^2}{100} + \frac{y^2}{36} = 1$ 上一点 P 到焦点 F_1 的距离等于 6,则点 P 到另一个焦点 F_2 的距离是_____.

3. 写出适合下列条件的椭圆的标准方程:

(1) $a = 4, b = 1$,焦点在 x 轴上;

(2) $a = 4, c = \sqrt{15}$,焦点在 y 轴上;

(3) $a + b = 10, c = 2\sqrt{5}$.

4. △ABC 的两个顶点 A、B 的坐标分别是 $(-6, 0)$、$(6, 0)$,边 AC、BC 所在直线的斜率之积等于 $-\frac{4}{9}$,求顶点 C 的轨迹方程.

5. 一束光线垂直于一个墙面,将一块圆形纸板置于光源与墙面之间,墙面上会出现纸板的影子,变化纸板与光线的角度,影子的形状也会发生变化.观察这些影子会出现哪些不同的形状.

习题 4.1

1. 化简下列方程,使结果不含根式:

(1) $x + y + \sqrt{xy} = 6$;

(2) $\sqrt{x+y}+\sqrt{x-y}=4$；

(3) $\sqrt{x^2+(y+3)^2}+\sqrt{x^2+(y-3)^2}=10$.

2. 动点 M 到两个定点 $A\left(0,-\dfrac{9}{4}\right)$、$B\left(0,\dfrac{9}{4}\right)$ 的距离的和是 $\dfrac{25}{2}$，求出点 M 的轨迹方程.

3. 写出适合下列条件的椭圆的标准方程：

(1) $a=\sqrt{6}$，$b=1$，焦点在 x 轴上；

(2) 焦点坐标为 $(0,-4)$、$(0,4)$，$a=5$；

(3) 焦点在 x 轴上，焦距等于 4，并且经过点 $P(3,-2\sqrt{6})$；

(4) $a+c=10$，$a-c=4$.

4. 填空：

已知椭圆的标准方程为 $\dfrac{x^2}{25}+\dfrac{y^2}{16}=1$，$M_1$、$M_2$ 为椭圆上的点.

(1) 点 $M_1(4,2.4)$ 与焦点的距离分别是 _____，_____；

(2) 点 M_2 到一个焦点的距离等于 3，则它到另一个焦点的距离等于 _____.

5. 点 P 是椭圆 $\dfrac{x^2}{5}+\dfrac{y^2}{4}=1$ 上一点，以点 P 以及焦点 F_1、F_2 为顶点的三角形的面积等于 1，求点 P 的坐标.

4.1.2 椭圆的简单几何性质

新知识

在解析几何里，是利用曲线的方程来研究曲线的几何性质的，也就是说，是通过对曲线的方程的讨论，得到曲线的形状、大小和位置的. 下面，我们利用椭圆的标准方程

$$\dfrac{x^2}{a^2}+\dfrac{y^2}{b^2}=1\,(a>b>0)$$

来研究椭圆的几何性质❶.

1. 范围

讨论方程中 x、y 的取值范围，可以得到曲线在坐标系中的范围.

由标准方程可知，椭圆上点的坐标 (x,y) 都适合不等式

$$\dfrac{x^2}{a^2}\leqslant 1,\quad \dfrac{y^2}{b^2}\leqslant 1,$$

即

$$x^2\leqslant a^2,\quad y^2\leqslant b^2.$$

所以　$|x|\leqslant a$，$|y|\leqslant b$.

---

❶ 通过对曲线的范围、对称性及特殊点的讨论，可以从整体上把握曲线的形状、大小和位置，所以，本章对几种圆锥曲线都是从范围、对称性、顶点及其他特性几项来研究它们的几何性质的.

利用计算机软件，可以很方便地作出圆锥曲线的图形，并研究它们的几何性质，有条件的同学可以试一试.

这说明椭圆位于直线 $x=\pm a$ 和 $y=\pm b$ 所围成的矩形里（见图 4-6）.

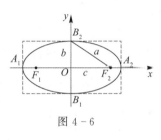

图 4-6

2．对称性

在曲线的方程里，如果以 $-y$ 代 y 方程不变，那么当点 $P(x,y)$ 在曲线上时，它关于 x 轴的对称点 $P'(x,-y)$ 也在曲线上，所以曲线关于 x 轴对称.同理，如果以 $-x$ 代 x 方程不变，那么曲线关于 y 轴对称；如果同时以 $-x$ 代 x，$-y$ 代 y 方程不变，那么曲线关于坐标原点对称.

在椭圆的标准方程里，以 $-x$ 代 x，或以 $-y$ 代 y，或以 $-x$、$-y$ 分别代 x、y，方程都不变，所以椭圆关于 y 轴、x 轴和坐标原点都是对称的.这时，坐标轴是椭圆的对称轴，坐标原点是椭圆的对称中心.椭圆的对称中心叫作**椭圆的中心**.

3．顶点

研究曲线上某些特殊点的位置，可以确定曲线的位置.要确定曲线在坐标系中的位置，常常需要求出曲线与 x 轴、y 轴的交点坐标.

在椭圆的标准方程里，令 $x=0$，得 $y=\pm b$.这说明 $B_1(0,-b)$、$B_2(0,b)$ 是椭圆与 y 轴的两个交点.同理，令 $y=0$，得 $x=\pm a$，即 $A_1(-a,0)$、$A_2(a,0)$ 是椭圆与 x 轴的两个交点.因为 x 轴、y 轴是椭圆的对称轴，所以椭圆和它的对称轴有四个交点，这四个交点叫作**椭圆的顶点**.

线段 A_1A_2、B_1B_2 分别叫作椭圆的**长轴**和**短轴**.它们的长分别等于 $2a$ 和 $2b$，a 和 b 分别叫作椭圆的长半轴长和短半轴长.

观察图 4-6，由椭圆的对称性可知，椭圆短轴的端点到两个焦点的距离相等，且等于长半轴长，即
$$|B_1F_1|=|B_1F_2|=|B_2F_1|=|B_2F_2|=a.$$
在 Rt$\triangle OB_2F_2$ 中，$|OF_2|^2=|B_2F_2|^2-|OB_2|^2$，即 $c^2=a^2-b^2$，这就是在第 4.1 节中令 $a^2-c^2=b^2$ 的几何意义.

4．离心率

椭圆的焦距与长轴长的比 $e=\dfrac{c}{a}$，叫作**椭圆的离心率**.

因为 $a>c>0$，所以 $0<e<1$.e 越接近 1，则 c 越接近 a，从而 $b=\sqrt{a^2-c^2}$ 越小，因此椭圆越扁；反之，e 越接近于 0，c 越接近于 0，从而 b 越接近于 a，这时椭圆就接近于圆.

当且仅当 $a=b$ 时，$c=0$，这时两个焦点重合，图形变为圆，它的方程为
$$x^2+y^2=a^2.$$

5．准线方程 $x=\pm\dfrac{a^2}{c}$

知识巩固

例 4 求椭圆 $16x^2+25y^2=400$ 的长轴和短轴的长、离心率、焦点和顶点的坐标，并用描点法画出它的图形.

解 把已知方程化成标准方程

$$\frac{x^2}{5^2}+\frac{y^2}{4^2}=1,$$

这里 $a=5, b=4$,所以 $c=\sqrt{25-16}=3$.

因此,椭圆的长轴和短轴的长分别是 $2a=10$ 和 $2b=8$,离心率 $e=\frac{c}{a}=\frac{3}{5}$,两个焦点分别是 $F_1(-3,0)$ 和 $F_2(3,0)$,椭圆的四个顶点是 $A_1(-5,0)$、$A_2(5,0)$、$B_1(0,-4)$ 和 $B_2(0,4)$.

将已知方程变形为 $y=\pm\frac{4}{5}\sqrt{25-x^2}$,根据

$$y=\frac{4}{5}\sqrt{25-x^2},$$

在 $0 \leqslant x \leqslant 5$ 的范围内算出几个点的坐标 (x,y):

x	0	1	2	3	4	5
y	4	3.9	3.7	3.2	2.4	0

先描点,画出椭圆的一部分,再利用椭圆的对称性画出整个椭圆(见图 4-7).

本题在画图时,利用了椭圆的对称性.利用图形的几何性质,可以简化画图过程,保证图形的准确性.

根据椭圆的几何性质,用下面的方法可以快捷地画出反映椭圆基本形状和大小的草图:以椭圆的长轴、短轴为邻边画矩形;由矩形四边的中点确定椭圆的四个顶点;用曲线将四个顶点连成一个椭圆.画图时要注意它们的对称性及顶点附近的平滑性.

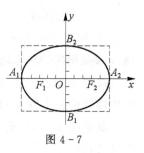

图 4-7

例 5 求适合下列条件的椭圆的标准方程:

(1) 经过点 $P(-3,0)$、$Q(0,-2)$;

(2) 长轴的长等于 20,离心率等于 $\frac{3}{5}$.

解 (1) 由椭圆的几何性质可知,以坐标轴为对称轴的椭圆与坐标轴的交点就是椭圆的顶点,所以点 P、Q 分别是椭圆长轴和短轴的一个端点.于是得

$$a=3, b=2.$$

又因为长轴在 x 轴上,所以椭圆的标准方程为

$$\frac{x^2}{9}+\frac{y^2}{4}=1.$$

(2) 已知

$$2a=20, e=\frac{c}{a}=\frac{3}{5},$$

即 $a=10, c=6$.

从而 $b^2=10^2-6^2=64$.

由于椭圆的焦点可能在 x 轴上,也可能在 y 轴上,因此所求椭圆的标准方程为

$$\frac{x^2}{100}+\frac{y^2}{64}=1 \text{ 或 } \frac{y^2}{100}+\frac{x^2}{64}=1.$$

练习

1. 说出椭圆 $\dfrac{y^2}{a^2}+\dfrac{x^2}{b^2}=1$ 的焦点和顶点的坐标.

2. 如图,要把一个边长分别为 52 cm 和 30 cm 的矩形木板锯成椭圆形,使它的长轴长和短轴长分别为 52 cm 和 30 cm. 用简便的方法在木板上画出这个椭圆的草图.

   (第 2 题)

3. 画出图中椭圆焦点的位置,并说明画法的根据.(针对第 2 题)

4. 求适合下列条件的椭圆的标准方程:
   (1) $a=6$,$e=\dfrac{1}{3}$,焦点在 x 轴上;
   (2) $c=3$,$e=\dfrac{3}{5}$,焦点在 y 轴上.

   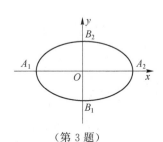
   (第 3 题)

5. 下列每组椭圆中,哪一个更接近于圆?
   (1) $9x^2+y^2=36$ 与 $\dfrac{x^2}{16}+\dfrac{y^2}{12}=1$;
   (2) $x^2+9y^2=36$ 与 $\dfrac{x^2}{6}+\dfrac{y^2}{10}=1$.

6. 求下列椭圆的焦点坐标和准线方程:
   (1) $\dfrac{x^2}{100}+\dfrac{y^2}{36}=1$;   (2) $2x^2+y^2=8$.

习题 4.2

1. 讨论下列椭圆的范围,并描点画出图形:
   (1) $4x^2+y^2=16$;   (2) $5x^2+9y^2=100$;
   (3) $2x^2=1-y^2$.

2. 选择题:
   在下列方程所表示的曲线中,关于 x 轴、y 轴都对称的是(   ).
   A. $x^2=4y$ B. $x^2+2xy+y=0$
   C. $x^2-4y^2=5x$ D. $9x^2+y^2=4$

3. 求下列各椭圆的长轴长、短轴长、离心率、焦点坐标和顶点坐标,并画出草图:
   (1) $x^2+4y^2=16$;
   (2) $9x^2+y^2=81$.

4. 求适合下列条件的椭圆的标准方程:
   (1) 椭圆经过两点 $P(-2\sqrt{2},0)$、$Q(0,\sqrt{5})$;
   (2) 长轴长是短轴长的 3 倍,椭圆经过点 $P(3,0)$;
   (3) 离心率等于 0.8,焦距是 8.

5. 彗星"紫金山一号"是南京天文台发现的. 它的运行轨道是以太阳为一个焦点的椭

圆.测得轨道的近日点距太阳中心 1.486 天文单位,远日点距太阳中心 5.563 天文单位(1 天文单位是太阳到地球的平均距离,约 1.5×10^8 km),近日点、远日点及太阳中心在同一条直线上,求轨道的方程.

6. 已知地球运行的轨道是长半轴长 $a=1.50\times10^8$ km,离心率 $e=0.0192$ 的椭圆,且太阳在这个椭圆的一个焦点上,求地球到太阳的最大和最小距离.

7. 选择题:

   椭圆 $\dfrac{x^2}{9}+\dfrac{y^2}{25}=1$ 的准线方程是( ).

   A. $x=\pm\dfrac{25}{4}$ B. $y=\pm\dfrac{16}{5}$

   C. $x=\pm\dfrac{16}{5}$ D. $y=\pm\dfrac{25}{4}$

8. 椭圆 $\dfrac{x^2}{25}+\dfrac{y^2}{16}=1$ 上一点 P 到一个焦点的距离等于 3,求它到相对应的准线的距离.

9. 点 P 与定点 $F(2,0)$ 的距离和它到定直线 $x=8$ 的距离的比是 1:2,求出 P 的轨迹方程,并说明轨迹是什么图形.

10. 点 M 与椭圆 $\dfrac{x^2}{13^2}+\dfrac{y^2}{12^2}=1$ 的左焦点和右焦点的距离的比为 2:3,求出 M 的轨迹方程.

11. 已知直线和椭圆的方程如下,求它们的交点坐标:

    (1) $3x+10y-25=0,\dfrac{x^2}{25}+\dfrac{y^2}{4}=1$;

    (2) $3x-y+2=0,\dfrac{x^2}{16}+\dfrac{y^2}{4}=1$.

4.2 双曲线

4.2.1 双曲线及其标准方程

我们已经知道,与两定点的距离的和为常数的点的轨迹是椭圆,那么与两定点的距离的差为非零常数的点的轨迹是怎样的曲线呢?

如图 4-8 所示,取一条拉链,拉开它的一部分,在拉开的两边上各选一点,分别固定在点 F_1、F_2 上,F 到 F_2 的长为 $2a$ ($a>0$).把笔尖放在点 M 处,随着拉链逐渐拉开或者闭拢,笔尖就画出一条曲线(见图 4-8 中右边的曲线).这条曲线是满足下面条件的点的集合,即

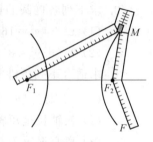

图 4-8

$$P = \{M \mid |MF_1| - |MF_2| = 2a\}.$$

如果使点 M 到点 F_2 的距离减去到点 F_1 的距离所得的差等于 $2a$，就得到另一条曲线（见图 4-8 中左边的曲线），这条曲线是满足下面条件的点的集合，即

$$P = \{M \mid |MF_2| - |MF_1| = 2a\}.$$

这两条曲线合起来叫作双曲线，每一条叫作双曲线的一支.

新知识

我们把平面内与两个定点 F_1、F_2 的距离的差的绝对值等于常数（小于 $|F_1F_2|$）的点的轨迹叫作**双曲线**，这两个定点叫作**双曲线的焦点**，两焦点的距离叫作**双曲线的焦距**.

我们可以仿照求椭圆的标准方程的做法，求双曲线的标准方程.

如图 4-9 所示，建立直角坐标系 xOy，使 x 轴经过点 F_1、F_2，并且点 O 与线段 F_1F_2 的中点重合.

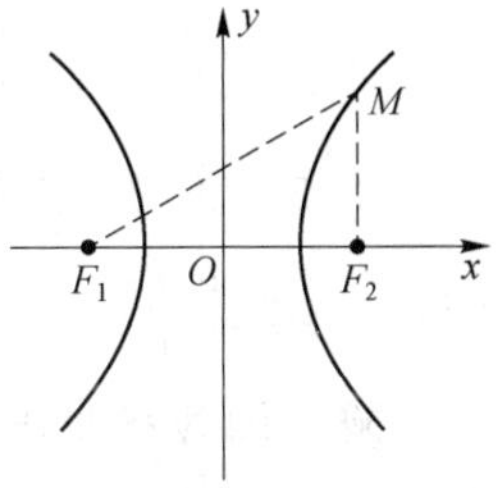

设 $M(x, y)$ 是双曲线上任意一点，双曲线的焦距为 $2c(c>0)$，那么，焦点 F_1、F_2 的坐标分别是 $(-c, 0)$、$(c, 0)$. 又设点 M 与 F_1、F_2 的距离的差的绝对值等于常数 $2a$.

由定义可知，双曲线就是集合

$$P = \{M \mid |MF_1| - |MF_2| = \pm 2a\}.$$

因为 $|MF_1| = \sqrt{(x+c)^2 + y^2}$，

$|MF_2| = \sqrt{(x-c)^2 + y^2}$，

所以

$$\sqrt{(x+c)^2 + y^2} - \sqrt{(x-c)^2 + y^2} = \pm 2a. \qquad ①$$

图 4-9

将方程①化简，得

$$(c^2 - a^2)x^2 - a^2 y^2 = a^2(c^2 - a^2).$$

由双曲线的定义可知，$2c > 2a$，即 $c > a$，所以 $c^2 - a^2 > 0$.

令 $c^2 - a^2 = b^2$，其中 $b > 0$，代入上式，得

$$b^2 x^2 - a^2 y^2 = a^2 b^2,$$

两边除以 $a^2 b^2$，得

$$\frac{x^2}{a^2} - \frac{y^2}{b^2} = 1 \, (a > 0, b > 0). \qquad ②$$

这个方程叫作**双曲线的标准方程**. 它所表示的双曲线的焦点在 x 轴上，焦点是 $F_1(-c, 0)$、$F_2(c, 0)$，这里 $c^2 = a^2 + b^2$.

如果双曲线的焦点在 y 轴上（见图 4-10），焦点是 $F_1(0, -c)$、$F_2(0, c)$，a、b 的意义同上，那么只要将方程②的 x、y 互换，就可以得到它的方程

$$\frac{y^2}{a^2} - \frac{x^2}{b^2} = 1. \qquad ③$$

这个方程也是双曲线的标准方程.

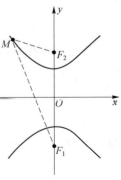

图 4-10

知识巩固

例1 已知双曲线两个焦点的坐标为 $F_1(-5,0)$、$F_2(5,0)$,双曲线上一点 P 到 F_1、F_2 的距离的差的绝对值等于 6,求双曲线的标准方程.

解 因为双曲线的焦点在 x 轴上,所以设它的标准方程为

$$\frac{x^2}{a^2} - \frac{y^2}{b^2} = 1 (a > 0, b > 0).$$

由 $2a = 6, 2c = 10$,

得 $a = 3, c = 5$.

从而 $b^2 = 5^2 - 3^2 = 16$.

所以,所求双曲线的标准方程为

$$\frac{x^2}{9} - \frac{y^2}{16} = 1.$$

例2 已知双曲线的焦点在 y 轴上,并且双曲线上两点 P_1、P_2 的坐标分别为 $(3, -4\sqrt{2})$、$\left(\frac{9}{4}, 5\right)$,求双曲线的标准方程.

解 因为双曲线的焦点在 y 轴上,所以设所求双曲线的标准方程为

$$\frac{y^2}{a^2} - \frac{x^2}{b^2} = 1 (a > 0, b > 0). \qquad ①$$

因为点 P_1、P_2 在双曲线上,所以点 P_1、P_2 的坐标适合方程①. 将 $(3, -4\sqrt{2})$、$\left(\frac{9}{4}, 5\right)$ 分别代入方程①中,得方程组

$$\begin{cases} \dfrac{(-4\sqrt{2})^2}{a^2} - \dfrac{3^2}{b^2} = 1, \\ \dfrac{25}{a^2} - \dfrac{\left(\frac{9}{4}\right)^2}{b^2} = 1. \end{cases}$$

令 $m = \dfrac{1}{a^2}, n = \dfrac{1}{b^2}$,则方程组化为

$$\begin{cases} 32m - 9n = 1, \\ 25m - \dfrac{81}{16}n = 1. \end{cases}$$

解这个方程组,得

$$\begin{cases} m = \dfrac{1}{16}, \\ n = \dfrac{1}{9}. \end{cases}$$

即 $a^2 = 16, b^2 = 9$. 所以,所求双曲线的标准方程为

$$\frac{y^2}{16} - \frac{x^2}{9} = 1.$$

本题是用待定系数法来解的,得到的关于待定系数 a、b 的方程组是一个分式方程组,并且分母的次数是 2. 解这种方程组时,利用换元法可以将它化为二元一次方程组;也可以将

a^2、b^2 作为未知数,直接化为分式方程组.

例3 一炮弹在某处爆炸,在 A 处听到爆炸声的时间比在 B 处晚 2 s.

(1) 爆炸点应在什么样的曲线上?

(2) 已知 A、B 两地相距 800 m,并且此时声速为 340 m/s❶,求曲线的方程.

解 (1) 由声速及 A、B 两处听到爆炸声的时间差,可知 A、B 两处与爆炸点的距离的差,因此爆炸点应位于以 A、B 为焦点的双曲线上.

因为爆炸点离 A 处比离 B 处更远,所以爆炸点应在靠近 B 处的一支上.

(2) 如图 4-11 所示,建立直角坐标系 xOy,使 A、B 两点在 x 轴上,并且点 O 与线段 AB 的中点重合.

设爆炸点 P 的坐标为 (x, y),则
$$|PA| - |PB| = 340 \times 2 = 680,$$
即
$$2a = 680, a = 340.$$

又 $|AB| = 800$,

所以 $2c = 800, c = 400$.

从而 $b^2 = c^2 - a^2 = 44\ 400$.

因为 $|PA| - |PB| = 680 > 0$,

所以 $x > 0$.

所求双曲线的方程为
$$\frac{x^2}{115\ 600} - \frac{y^2}{44\ 400} = 1 \ (x > 0).$$

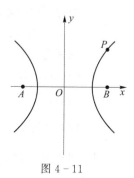

图 4-11

例3 说明,利用两个不同的观测点测得同一炮弹爆炸声的时间差,可以确定爆炸点所在的双曲线的方程,但不能确定爆炸点的准确位置,如果再增设一个观测点 C,利用 B、C(或 A、C)两处测得的爆炸声的时间差,则可以求出另一个双曲线的方程.解这两个方程组成的方程组,就能确定爆炸点的准确位置.这是双曲线的一个重要应用.

[想一想,如果 A、B 两处同时听到爆炸声,那么爆炸点应在什么样的曲线上.]

练习

1. 写出方程 $\sqrt{(x+c)^2+y^2} - \sqrt{(x-c)^2+y^2} = \pm 2a$ 的化简过程.

2. 填空:已知方程 $\dfrac{x^2}{2+m} - \dfrac{y^2}{m+1} = 1$ 表示双曲线,则 m 的取值范围是_____.

3. 证明椭圆 $\dfrac{x^2}{25} + \dfrac{y^2}{9} = 1$ 与双曲线 $x^2 - 15y^2 = 15$ 的焦点相同.

4. 求适合下列条件的双曲线的标准方程:

   (1) $a = 4, b = 3$,焦点在 x 轴上;

   (2) 焦点为 $(0, -6)$、$(0, 6)$,经过点 $(2, -5)$;

   (3) 焦点在 x 轴上,经过点 $(-\sqrt{2}, -\sqrt{2})$、$\left(\dfrac{\sqrt{15}}{3}, \sqrt{2}\right)$.

---

❶ 不同温度下声速是不同的.

习题 4.3

1. △ABC 一边的两个端点是 $B(0,6)$ 和 $C(0,-6)$,另两边所在直线的斜率之积是 $\frac{4}{9}$,求顶点 A 的轨迹.

2. 填空:双曲线 $4x^2-y^2+64=0$ 上一点 P 到它的一个焦点的距离等于 1,则点 P 到另一个焦点的距离等于_____.

3. 求适合下列条件的双曲线的标准方程:
   (1) $a=3,b=4$;
   (2) $a=2\sqrt{5}$,经过点 $A(-5,2)$,焦点在 x 轴上;
   (3) 经过点 $(-7,-6\sqrt{2})$、点 $(2\sqrt{7},-3)$.

4. 通过双曲线 $\frac{x^2}{144}-\frac{y^2}{25}=1$ 的一个焦点作 x 轴的垂线,求垂线与双曲线的交点到两焦点的距离.

5. 求下列直线和双曲线的交点坐标:
   (1) $2x-y-10=0, \frac{x^2}{20}-\frac{y^2}{5}=1$;
   (2) $4x-3y-16=0, \frac{x^2}{25}-\frac{y^2}{16}=1$.

6. 在相距 $1\,400$ m 的 A、B 两哨所,听到炮弹爆炸声的时间相差 3 s,且声速是 340 m/s,求炮弹爆炸点的轨迹方程.

4.2.2 双曲线的简单几何性质

新知识

我们仿照讨论椭圆几何性质的方法❶,根据双曲线的标准方程

$$\frac{x^2}{a^2}-\frac{y^2}{b^2}=1(a>0,b>0)$$

来研究它的几何性质.

1. 范围

由标准方程可知,双曲线上点的坐标 (x,y) 都适合不等式 $\frac{x^2}{a^2}\geqslant 1$,即

$$x^2\geqslant a^2,$$

所以 $x\geqslant a, x\leqslant -a$.

---

❶ 同学们可以按照研究椭圆几何性质的方法和步骤,自己推出双曲线的几何性质,然后与书本对照.

这说明双曲线在不等式 $x \geq a$ 或 $x \leq -a$ 所表示的区域内.

2. 对称性

双曲线关于每个坐标轴和坐标原点都是对称的.这时,坐标轴是双曲线的对称轴,坐标原点是双曲线的对称中心.双曲线的对称中心叫作**双曲线的中心**.

3. 顶点

在双曲线的标准方程里,令 $y=0$,得 $x=\pm a$,因此双曲线和 x 轴有两个交点 $A_1(-a,0)$、$A_2(a,0)$.因为 x 轴是双曲线的对称轴,所以双曲线和它的对称轴有两个交点,它们叫作**双曲线的顶点**.

令 $x=0$,得 $y^2=-b^2$,这个方程没有实数根,说明双曲线和 y 轴没有交点,但我们也把 $B_1(0,-b)$、$B_2(0,b)$ 画在 y 轴上(见图 4-12).

线段 A_1A_2 叫作双曲线的**实轴**,它的长等于 $2a$,a 叫作双曲线的实半轴长;线段 B_1B_2 叫作双曲线的**虚轴**,它的长等于 $2b$,b 叫作双曲线的虚半轴长.

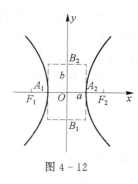

图 4-12

4. 渐近线

经过 A_2、A_1 作 y 轴的平行线 $x=\pm a$,经过 B_2、B_1 作 x 轴的平行线 $y=\pm b$,四条直线围成一个矩形(见图 4-13).矩形的两条对角线所在直线的方程是 $y=\pm \dfrac{b}{a}x$,从图 4-13 可以看出,双曲线 $\dfrac{x^2}{a^2}-\dfrac{y^2}{b^2}=1$ 的各支向外延伸时,与这两条直线逐渐接近.下面我们来证明这个结论.

先取双曲线在第一象限内的部分进行证明.这一部分的方程可写为

$$y=\dfrac{b}{a}\sqrt{x^2-a^2} \quad (x>0).$$

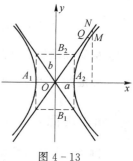

图 4-13

设 $M(x,y)$ 是它上面的点,$N(x,Y)$ 是直线 $y=\dfrac{b}{a}x$ 上与 M 有相同横坐标的点,则 $Y=\dfrac{b}{a}x$.

因为 $y=\dfrac{b}{a}\sqrt{x^2-a^2}=\dfrac{b}{a}x\sqrt{1-\left(\dfrac{a}{x}\right)^2}<\dfrac{b}{a}x=Y$,

所以 $|MN|=Y-y=\dfrac{b}{a}(x-\sqrt{x^2-a^2})$

$=\dfrac{b}{a}\cdot\dfrac{(x-\sqrt{x^2-a^2})(x+\sqrt{x^2-a^2})}{x+\sqrt{x^2-a^2}}$

$=\dfrac{ab}{x+\sqrt{x^2-a^2}}.$

设 $|MQ|$ 是点 M 到直线 $y=\dfrac{b}{a}x$ 的距离,则 $|MQ|<|MN|$.当 x 逐渐增大时,$|MN|$ 逐渐减小,x 无限增大,$|MN|$ 接近于 0,$|MQ|$ 也接近于 0,就是说,双曲线在第一象限的部分

从射线 ON 的下方逐渐接近于射线 ON.

在其他象限内,也可以证明类似的情况,我们把两条直线 $y=\pm\dfrac{b}{a}x$ 叫作双曲线的**渐近线**.

在方程 $\dfrac{x^2}{a^2}-\dfrac{y^2}{b^2}=1$ 中,如果 $a=b$,那么双曲线的方程为 $x^2-y^2=a^2$,它的实轴和虚轴的长都等于 $2a$.这时,四条直线 $x=\pm a$,$y=\pm a$ 围成正方形,渐近线方程为 $x=\pm y$,它们互相垂直,并且平分双曲线实轴和虚轴所成的角.实轴和虚轴等长的双曲线叫作**等轴双曲线**.

利用双曲线的渐近线,可以帮助我们较准确地画出双曲线的草图,具体做法是:画出双曲线的渐近线,先确定双曲线顶点及第一象限内任意一点的位置;然后过这两点并根据双曲线在第一象限内从渐近线的下方逐渐接近渐近线的特点画出双曲线的一部分;最后利用双曲线的对称性画出完整的双曲线.

5. 离心率

双曲线的焦距与实轴长的比 $e=\dfrac{c}{a}$,叫作**双曲线的离心率**.因为 $c>a>0$,所以双曲线的离心率 $e>1$.

由等式 $c^2-a^2=b^2$,可得

$$\dfrac{b}{a}=\dfrac{\sqrt{c^2-a^2}}{a}=\sqrt{\dfrac{c^2}{a^2}-1}=\sqrt{e^2-1}.$$

因此,e 越大,$\dfrac{b}{a}$ 也越大,即渐近线 $y=\pm\dfrac{b}{a}x$ 的斜率的绝对值越大,这时双曲线的形状就从扁狭逐渐变得开阔.由此可知,双曲线的离心率越大,它的开口就越阔.

6. 准线方程 $x=\pm\dfrac{a^2}{c}$

知识巩固

例 4 求双曲线 $9y^2-16x^2=144$ 的实半轴长、虚半轴长、焦点坐标、离心率、渐近线方程和准线方程.

解 把方程化为标准方程

$$\dfrac{y^2}{4^2}-\dfrac{x^2}{3^2}=1.$$

由此可知,实半轴长 $a=4$,虚半轴长 $b=3$.

$$c=\sqrt{a^2+b^2}=\sqrt{4^2+3^2}=5.$$

焦点的坐标是 $(0,-5)$、$(0,5)$.

离心率 $e=\dfrac{c}{a}=\dfrac{5}{4}$.

渐近线方程为

$$x=\pm\dfrac{3}{4}y,\text{即 } y=\pm\dfrac{4}{3}x.$$

准线方程为

$$x = \pm \frac{a^2}{c} = \pm \frac{4^2}{5} = \pm \frac{16}{5}.$$

例5 双曲线形自然通风塔的外形,是双曲线的一部分绕其虚轴旋转所成的曲面(见图4-14(1)),它的最小半径为12 m,上口半径为13 m,下口半径为25 m,高为55 m.选择适当的坐标系,求出此双曲线的方程(精确到1 m).

解 如图4-14(2)所示,建立直角坐标系 xOy,使小圆的直径 AA' 在 x 轴上,圆心与原点重合.这时,上、下口的直径 CC'、BB' 平行于 x 轴,且 $|CC'|=13\times2$(m),$|BB'|=25\times2$(m).

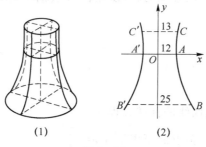

图 4-14

设双曲线的方程为

$$\frac{x^2}{a^2} - \frac{y^2}{b^2} = 1 (a>0, b>0).$$

令点 C 的坐标为 $(13, y)$,则点 B 的坐标为 $(25, y-55)$.因为点 B、C 在双曲线上,所以

$$\frac{25^2}{12^2} - \frac{(y-55)^2}{b^2} = 1,$$

$$\frac{13^2}{12^2} - \frac{y^2}{b^2} = 1.$$

解方程组

$$\begin{cases} \dfrac{25^2}{12^2} - \dfrac{(y-55)^2}{b^2} = 1, & \text{①} \\ \dfrac{13^2}{12^2} - \dfrac{y^2}{b^2} = 1. & \text{②} \end{cases}$$

由方程②得

$$y = \frac{5b}{12} (负值舍去),$$

代入方程①,得

$$\frac{25^2}{12^2} - \frac{\left(\frac{5b}{12} - 55\right)^2}{b^2} = 1.$$

化简得

$$19b^2 + 275b - 18\,150 = 0. \quad \text{③}$$

解方程③(使用计算器计算),得

$$b \approx 25 \text{(m)}.$$

所以,所求双曲线方程为

$$\frac{x^2}{144} - \frac{y^2}{625} = 1.$$

这是一个有实际意义的题目. 解这类题目时, 首先要解决以下两个问题:

(1) 选择适当的坐标系;

(2) 将实际问题中的条件借助坐标系用数学语言表达出来.

练习

1. 求下列双曲线的实轴长、虚轴的长、顶点、焦点坐标、离心率和渐近线方程:

   (1) $x^2 - 8y^2 = 32$;

   (2) $9x^2 - y^2 = 81$;

   (3) $x^2 - y^2 = -4$;

   (4) $\frac{x^2}{49} - \frac{y^2}{25} = -1$.

2. 求适合下列条件的双曲线的标准方程:

   (1) 顶点在 x 轴上, 两顶点的距离是 8, $e = \frac{5}{4}$;

   (2) 焦点在 y 轴上, 焦距是 16, $e = \frac{4}{3}$.

3. 求以椭圆 $\frac{x^2}{8} + \frac{y^2}{5} = 1$ 的焦点为顶点, 而以椭圆的顶点为焦点的双曲线方程.

4. 等轴双曲线的一个焦点是 $F_1(-6, 0)$, 求它的标准方程和渐近线方程.

5. 当渐近线的方程为 $y = \pm \frac{b}{a} x$ 时, 双曲线的标准方程一定是 $\frac{x^2}{a^2} - \frac{y^2}{b^2} = 1$ 吗? 如果不一定, 举出一个反例.

习题 4.4

1. 已知下列双曲线的方程, 求它的焦点坐标、离心率和渐近线方程:

   (1) $16x^2 - 9y^2 = 144$;

   (2) $16x^2 - 9y^2 = -144$.

2. 求双曲线的标准方程:

   (1) 实轴的长是 10, 虚轴的长是 8, 焦点在 y 轴上;

   (2) 焦距是 10, 虚轴的长是 8, 焦点在 x 轴上;

   (3) 离心率 $e = \sqrt{2}$, 经过点 $M(-5, 3)$;

   (4) 渐近线的方程是 $y = \pm \frac{2}{3} x$, 经过点 $M\left(\frac{9}{2}, -1\right)$.

3. 求与椭圆 $\frac{x^2}{49} + \frac{y^2}{24} = 1$ 有公共焦点, 且离心率 $e = \frac{5}{4}$ 的双曲线方程.

4. 求经过点 $A(3, -1)$, 并且对称轴都在坐标轴上的等轴双曲线的方程.

5. 证明: 等轴双曲线的离心率为 $\sqrt{2}$.

6. 证明: 从双曲线的一个焦点到一条渐近线的距离等于虚半轴长.

7. 求与定点 $A(5,0)$ 及定直线 $l:x=\dfrac{16}{5}$ 的距离的比是 $5:4$ 的点的轨迹方程.

8. 选择题:

(1) 如果双曲线 $\dfrac{x^2}{64}-\dfrac{y^2}{36}=1$ 上一点 P 到双曲线右焦点的距离是 8,那么点 P 到右准线的距离是( ).

　A. 10　　　B. $\dfrac{32\sqrt{7}}{7}$　　　C. $2\sqrt{7}$　　　D. $\dfrac{32}{5}$

(2) 双曲线 $\dfrac{x^2}{3}-\dfrac{y^2}{4}=1$ 的两条准线的距离等于( ).

　A. $\dfrac{6\sqrt{7}}{7}$　　　B. $\dfrac{3\sqrt{7}}{7}$　　　C. $\dfrac{18}{5}$　　　D. $\dfrac{16}{5}$

4.3　抛物线

4.3.1　抛物线及其标准方程

我们知道,与一个定点的距离和一条定直线的距离的比是常数 e 的点的轨迹,当 $0<e<1$ 时是椭圆,当 $e>1$ 时是双曲线,那么,当 $e=1$ 时它是什么曲线呢?

实例

把一根直尺固定在图板上直线 l 的位置(见图 4-15).把一块三角尺的一条直角边紧靠着直尺的边缘,再把一条细绳的一端固定在三角尺的另一条直角边的一点 A,取绳长等于点 A 到直角顶点 C 的长(即点 A 到直线 l 的距离),并且把绳子的另一端固定在图板上的一点 F.用铅笔尖扣着绳子,使点 A 到笔尖的一段绳子紧靠着三角尺,然后将三角尺沿着直尺上下滑动,笔尖就在图板上描出了一条曲线.

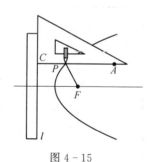

图 4-15

从图 4-15 中可以看出,这条曲线上任意一点 P 到 F 的距离与它到直线 l 的距离相等,把图板绕点 F 旋转 90°,所得曲线就是初中见过的抛物线.

新知识

平面内与一个定点 F 和一条定直线 l 的距离相等的点的轨迹叫作**抛物线**.点 F 叫作**抛物线的焦点**,直线 l 叫作**抛物线的准线**.

下面根据抛物线的定义,我们来求抛物线的方程.

如图 4-16 所示,建立直角坐标系 xOy,使 x 轴经过点 F 且垂直于直线 l,垂足为 K,并使坐标原点与线段 KF 的中点重合.

设 $|KF|=p(p>0)$,那么焦点 F 的坐标为 $\left(\dfrac{p}{2},0\right)$,准线 l 的方程为 $x=-\dfrac{p}{2}$.

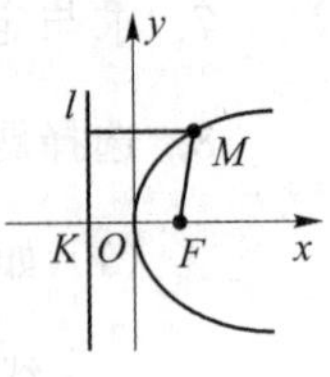

设点 $M(x,y)$ 是抛物线上任意一点,点 M 到 l 的距离为 d.

由抛物线的定义可知,抛物线就是集合
$$P=\{M\mid |MF|=d\}.$$

因为 $|MF|=\sqrt{\left(x-\dfrac{p}{2}\right)^2+y^2}$,

$d=\left|x+\dfrac{p}{2}\right|$,

所以 $\sqrt{\left(x-\dfrac{p}{2}\right)^2+y^2}=\left|x+\dfrac{p}{2}\right|$.

将上式两边平方并化简,得
$$y^2=2px(p>0). \qquad ①$$

方程①叫作**抛物线的标准方程**.它表示抛物线的焦点在 x 轴的正半轴上,坐标是 $\left(\dfrac{p}{2},0\right)$,它的准线方程是 $x=-\dfrac{p}{2}$.

一条抛物线,由于它在坐标平面内的位置不同,方程也不同,因此抛物线的标准方程还有其他几种形式:$y^2=-2px$,$x^2=2py$,$x^2=-2py$.这四种抛物线的图形、标准方程、焦点坐标以及准线方程如表 4-1 所示.

图 4-16

表 4-1

图形	标准方程	焦点坐标	准线方程
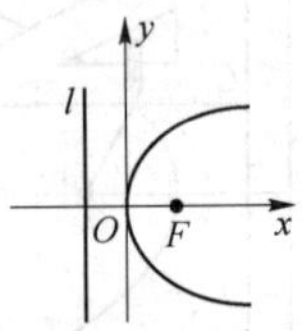	$y^2=2px$ $(p>0)$	$\left(\dfrac{p}{2},0\right)$	$x=-\dfrac{p}{2}$
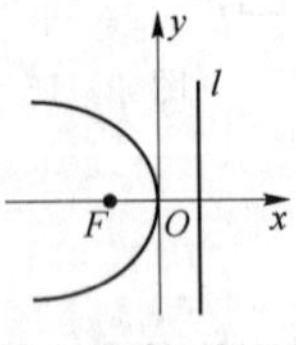	$y^2=-2px$ $(p>0)$	$\left(-\dfrac{p}{2},0\right)$	$x=\dfrac{p}{2}$
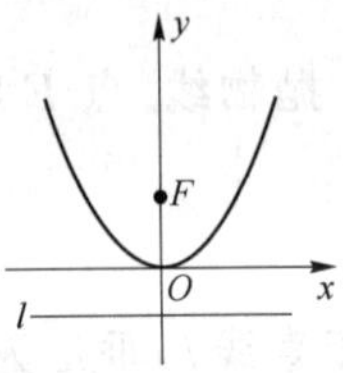	$x^2=2py$ $(p>0)$	$\left(0,\dfrac{p}{2}\right)$	$y=-\dfrac{p}{2}$

续表

图形	标准方程	焦点坐标	准线方程
(图)	$x^2=-2py$ ($p>0$)	$\left(0,-\dfrac{p}{2}\right)$	$y=\dfrac{p}{2}$

知识巩固

例1 (1) 已知抛物线的标准方程是 $y^2=6x$，求它的焦点坐标和准线方程；

(2) 已知抛物线的焦点坐标是 $F(0,-2)$，求它的标准方程.

解 (1) 因为 $p=3$，所以焦点坐标是 $\left(\dfrac{3}{2},0\right)$，准线方程是 $x=-\dfrac{3}{2}$.

(2) 因为焦点在 y 轴的负半轴上，并且 $\dfrac{p}{2}=2$，所以所求抛物线的标准方程是

$$x^2=-8y.$$

例2 点 M 与点 $F(4,0)$ 的距离比它到直线 $l:x+5=0$ 的距离小 1，求点 M 的轨迹方程.

分析：由已知，点 M 属于集合

$$P=\{M\mid |MF|+1=|x+5|\}.$$

将 $|MF|$ 用点的坐标表示出来，化简后就可得到点 M 的轨迹方程. 但这种解法的化简过程比较烦琐.

仔细分析题目的条件，不难发现：首先，点 M 的横坐标 x 应满足 $x>-5$，即点 M 应在直线 l 的右边，否则点 M 到 F 的距离大于它到 l 的距离；其次，点 M 与点 F 的距离比它到直线 $l:x+5=0$ 的距离小 1，就是点 M 与点 F 的距离等于它到直线 $x+4=0$ 的距离，由此可知，点 M 的轨迹是以 F 为焦点，直线 $x+4=0$ 为准线的抛物线.

解 如图 4-17 所示，设点 M 的坐标为 (x,y).

由条件可知，点 M 与点 F 的距离等于它到直线 $x+4=0$ 的距离，根据抛物线的定义，点 M 的轨迹是以 $F(4,0)$ 为焦点的抛物线. 有

$$\dfrac{p}{2}=4, p=8.$$

因为焦点在 x 轴的正半轴上，所以点 M 的轨迹方程为

$$y^2=16x.$$

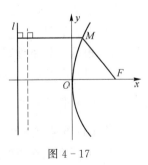

图 4-17

例3 斜率为 1 的直线经过抛物线 $y^2=4x$ 的焦点，与抛物线相交于两点 A、B，求线段 AB 的长.

解 如图 4-18 所示,由抛物线的标准方程可知,抛物线焦点的坐标为 $F(1,0)$,所以直线 AB 的方程为
$$y=x-1. \quad ①$$
将方程①代入抛物线方程 $y^2=4x$,得
$$(x-1)^2=4x.$$
化简得
$$x^2-6x+1=0.$$
解这个方程,得
$$x_1=3+2\sqrt{2},x_2=3-2\sqrt{2}.$$
将 x_1、x_2 的值代入方程①中,得
$$y_1=2+2\sqrt{2},y_2=2-2\sqrt{2},$$
即 A、B 的坐标分别为 $(3+2\sqrt{2},2+2\sqrt{2})$、$(3-2\sqrt{2},2-2\sqrt{2})$.

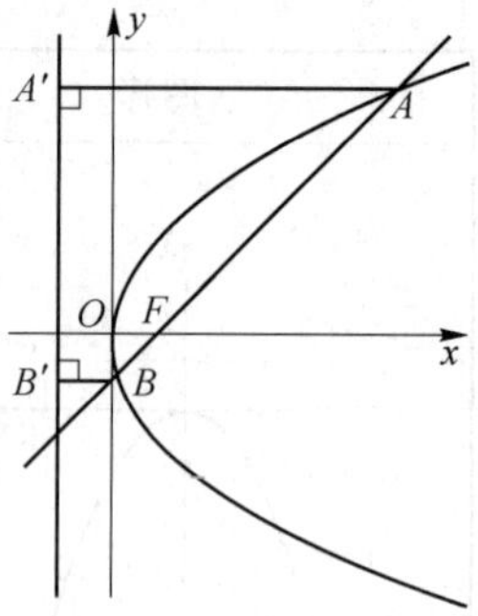

所以 $|AB|=\sqrt{(4\sqrt{2})^2+(4\sqrt{2})^2}=8.$

图 4-18

[在解决问题时,充分利用图形,不仅能使问题简单,而且能开阔思路.]

在图 4-18 中,由抛物线的定义可知,$|AF|$ 等于点 A 到准线 $x=-1$ 的距离 $|AA'|$,而 $|AA'|=x_1+1$.同理 $|BF|=|BB'|=x_2+1$,于是得
$$|AB|=|AF|+|BF|=x_1+x_2+2.$$
由此可以看到,本题在得到方程
$$x^2-6x+1=0$$
后,根据根与系数的关系可以直接得到
$$x_1+x_2=6.$$
于是立即可以求出 $|AB|=6+2=8.$

练习

1. 在图 4-16 中修改直角坐标系,使 y 轴过焦点且垂直于直线 l,但坐标原点和抛物线都不变,再据此推导抛物线的方程.

2. 填空:动点 M 与定点 F 的距离和它到定直线的距离的比等于 e,则当 $0<e<1$ 时,动点 M 的轨迹是_____;当 $e=1$ 时,动点 M 的轨迹是_____;当 $e>1$ 时,动点 M 的轨迹是_____.

3. 根据下列条件写出抛物线的标准方程:

   (1) 焦点是 $F(3,0)$;

   (2) 准线方程是 $x=-\dfrac{1}{4}$;

   (3) 焦点到准线的距离是 2.

4. 求下列抛物线的焦点坐标和准线方程:

   (1) $y^2=20x$;   (2) $x^2=\dfrac{1}{2}y$;

   (3) $2y^2+5x=0$;   (4) $x^2+8y=0.$

5. 填空：

(1) 抛物线 $y^2=2px(p>0)$ 上一点 M 到焦点的距离是 $a\left(a>\dfrac{p}{2}\right)$，则点 M 到准线的距离是_____，点 M 的横坐标是_____；

(2) 抛物线 $y^2=12x$ 上与焦点的距离等于 9 的点的坐标是_____．

习题 4.5

1. 选择题：

准线方程为 $x=2$ 的抛物线的标准方程是(　　)．

A. $y^2=-4x$ B. $y^2=-8x$

C. $y^2=4x$ D. $y^2=8x$

2. 求下列抛物线的焦点坐标和准线方程：

(1) $x^2=2y$；   (2) $4x^2+3y=0$；

(3) $2y^2+x=0$； (4) $y^2-6x=0$．

3. 抛物线 $y^2=2px(p>0)$ 上一点 M 与焦点 F 的距离 $|MF|=2p$，求点 M 的坐标．

4. 已知两条抛物线的焦点坐标分别是 $(2,0)$、$(0,2)$，求它们的标准方程．

5. 证明：直线 $x-8y+96=0$ 与抛物线 $y^2=6x$ 只有一个公共点．

6. 从抛物线 $y^2=2px(p>0)$ 上各点向 x 轴作垂线段，求垂线段中点的轨迹方程，并说明它是什么曲线．

7. 过抛物线 $y^2=2px$ 的焦点的一条直线和此抛物线相交，两个交点的纵坐标为 y_1、y_2，求证：$y_1y_2=-p^2$．

4.3.2 抛物线的简单几何性质

新知识

我们根据抛物线的标准方程

$$y^2=2px\;(p>0) \qquad ①$$

来研究它的几何性质．

1. 范围

因为 $p>0$，由方程①可知，这条抛物线上的点 M 的坐标 (x,y) 满足不等式 $x\geqslant 0$，所以这条抛物线在 y 轴的右侧；当 x 的值增大时，$|y|$ 也增大，这说明抛物线向右上方和右下方无限延伸．

2. 对称性

以 $-y$ 代 y，方程①不变，所以这条抛物线关于 x 轴对称，我们把抛物线的对称轴叫作**抛物线的轴**.

3. 顶点

抛物线和它的轴的交点叫作**抛物线的顶点**．在方程①中，当 $y=0$ 时，$x=0$，因此抛物线的顶点就是坐标原点.

4. 离心率

抛物线上的点 M 与焦点的距离和它到准线的距离的比,叫作**抛物线的离心率**,用 e 表示. 由抛物线的定义可知,$e=1$.

5. 用同样方法讨论其他三种抛物线的几何性质

知识巩固

例 4 已知抛物线关于 x 轴对称,它的顶点在坐标原点,并且经过点 $M(2,-2\sqrt{2})$,求它的标准方程,并用描点法画出图形.

解 因为抛物线关于 x 轴对称,它的顶点在坐标原点,并且经过点 $M(2,-2\sqrt{2})$,所以可设它的标准方程为

$$y^2=2px(p>0).$$

[想一想,如果抛物线关于 y 轴对称,它的标准方程是什么?类似地,画出它的图形.]

因为点 M 在抛物线上,所以

$$(-2\sqrt{2})^2=2p \cdot 2,$$

即

$$p=2.$$

因此,所求方程是

$$y^2=4x.$$

将已知方程变形为 $y=\pm 2\sqrt{x}$,根据 $y=2\sqrt{x}$ 计算抛物线在 $x \geqslant 0$ 的范围内几个点的坐标,得

x	0	1	2	3	4	…
y	0	2	2.8	3.5	4	…

描点画出抛物线的一部分,再利用对称性,就可以画出抛物线的另一部分(见图 4 - 19).

在本题的画图过程中,如果描出抛物线上更多的点,可以发现这条抛物线虽然也向右上方和右下方无限延伸,但并不能像双曲线那样无限地接近于某一直线,也就是说,抛物线没有渐近线.

在抛物线的标准方程 $y^2=2px(p>0)$ 中,令 $x=\dfrac{p}{2}$,则 $y=\pm p$. 这就是说,通过焦点而垂直于 x 轴的直线与抛物线两交点的坐标分别为 $\left(\dfrac{p}{2},p\right)$,$\left(\dfrac{p}{2},-p\right)$,联结这两点的线段叫作抛物线的**通径**,它的长为 $2p$,这就是标准方程中 $2p$ 的一种几何意义(见图 4 - 20). 利用抛物线的几何性质及抛物线上坐标为 $\left(\dfrac{p}{2},p\right)$、$\left(\dfrac{p}{2},-p\right)$ 的两点,能够方便地画出反映抛物线基本特征的草图.

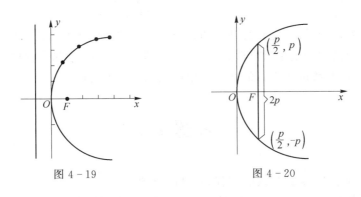

图 4-19　　　　　　　图 4-20

例 5　探照灯反射镜的轴截面是抛物线的一部分(见图 4-21(1)),光源位于抛物线的焦点处. 已知灯口圆的直径为 60 cm,灯深 40 cm,求抛物线的标准方程和焦点的位置.

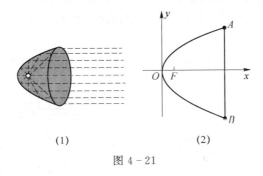

图 4-21

解　如图 4-21(2)所示,在探照灯的轴截面所在平面内建立直角坐标系,使反光镜的顶点(即抛物线的顶点)与坐标原点重合,x 轴垂直于灯口直径.

设抛物线的标准方程是 $y^2=2px(p>0)$. 由已知条件可得,点 A 的坐标是 $(40,30)$,代入方程,得
$$30^2=2p\times 40,$$
即
$$p=\frac{45}{4}.$$

所以,所求抛物线的标准方程是 $y^2=\frac{45}{2}x$,焦点坐标是 $\left(\frac{45}{8},0\right)$.

练习

1. 求适合下列坐标条件的抛物线方程:
   (1) 顶点在坐标原点,关于 x 轴对称,并且经过点 $M(5,-4)$;
   (2) 顶点在坐标原点,焦点是 $F(0,5)$;
   (3) 顶点在坐标原点,准线是 $x=4$;
   (4) 焦点是 $F(0,-8)$,准线是 $y=8$.

2. 在同一坐标系中画出下列抛物线的草图:
   (1) $y^2=\frac{1}{2}x$;　　　　　(2) $y^2=x$;

(3) $y^2=2x$;　　　　　　　　(4) $y^2=4x$.

比较这些图形,说明抛物线开口的大小与方程中 x 的系数有怎样的关系.

3. 一条隧道的顶部是抛物拱形,拱高 1.1 m,跨度 2.2 m,求拱形的抛物线方程.

4. 证明:与抛物线的轴平行的直线和抛物线只有一个交点.

习题 4.6

1. 根据下列条件,求抛物线的方程,并画出草图:
   (1) 顶点在坐标原点,对称轴是 x 轴,并且顶点与焦点的距离等于 6;
   (2) 顶点在坐标原点,对称轴是 y 轴,并经过点 $P(-6,-3)$.

2. 垂直于 x 轴的直线交抛物线 $y^2=4x$ 于点 A、B,且 $|AB|=4\sqrt{3}$,求直线 AB 的方程.

3. 如图,吊车梁的鱼腹部分 AOB 是一段抛物线,宽为 7 m,高为 0.7 m,求这条抛物线的方程.

4. 图中是抛物线形拱桥,当水面在 l 时,拱顶离水面 2 m,水面宽 4 m. 求:水下降 1 m 后,水面宽为多少?

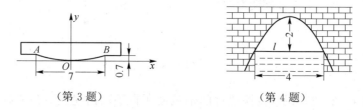

(第 3 题)　　　　　　　　(第 4 题)

5. 抛物线的顶点是双曲线 $16x^2-9y^2=144$ 的中心,而焦点是双曲线的左顶点,求抛物线的方程.

6. 过抛物线焦点的一条直线与它交于两点 P、Q,经过点 P 和抛物线顶点的直线交准线于点 M,求证:直线 MQ 平行于抛物线的对称轴.

圆锥曲线的光学性质及其应用

一只很小的灯泡发出的光,会分散地射向各方,但把它装在圆柱形手电筒里,经过适当调节,就能射出一束比较强的平行光线,这是为什么呢?

原来手电筒内,在小灯泡后面有一个反光镜,镜面的形状是一个由抛物线绕它的轴旋转所得到的曲面(见图 1),叫作抛物面.人们已经证明,抛物线有一条重要性质:从焦点发出的光线,经过抛物线上的一点反射后,反射光线平行于抛物线的轴.探照灯(见图 2)也是利用这个原理设计的.

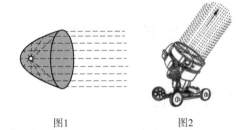

图1　　　　图2

应用抛物线的这个性质,也可以使一束平行于抛物线的轴的光线,经过抛物面的反射集中于它的焦点.人们应用这个原理设计了一种加热水和食物的太阳灶(见图3).在这种太阳灶上装有一个旋转抛物面形的反光镜,当它的轴与太阳光线平行时,太阳光线经过反射后集中于焦点处,这一点的温度就会很高.

椭圆和双曲线的光学性质与抛物线不同.从椭圆的一个焦点发出的光线,经过椭圆反射后,反射光线交于椭圆的另一个焦点上(见图4);从双曲线的一个焦点发出的光线,经过双曲线反射后,反射光线是散开的,它们就好像是从另一个焦点射出的一样(见图5).椭圆、双曲线的光学性质也被人们广泛地应用于各种设计.

图3

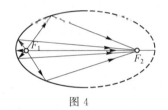
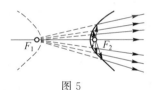

图4　　　　　　　图5

如图6所示,电影放映机的聚光灯有一个反射镜,它的形状是旋转椭圆面.为了使片门(电影胶片通过的地方)处获得最强的光线,灯丝 F_2 与片门 F_1 应位于椭圆的两个焦点处,这就是利用椭圆光学性质的一个实例.

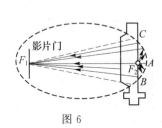

图6

小结与复习

一、内容提要

这一章的主要内容包括椭圆、双曲线、抛物线的定义、标准方程、简单几何性质以及它们在实际中的一些应用.

(1) 椭圆、双曲线、抛物线分别是满足某些条件的点的轨迹,由这些条件可以求出它们的标准方程,并通过分析标准方程可以研究这三种曲线的几何性质.

三种曲线的标准方程(各取其中一种)、图形和性质如表 4-2 所示.

表 4-2

项目	椭圆	双曲线	抛物线
几何条件	与两个定点的距离的和等于常数	与两个定点的距离的差的绝对值等于常数	与一个定点和一条定直线的距离相等
标准方程	$\dfrac{x^2}{a^2}+\dfrac{y^2}{b^2}=1$ $(a>b>0)$	$\dfrac{x^2}{a^2}-\dfrac{y^2}{b^2}=1$ $(a>0,b>0)$	$y^2=2px$ $(p>0)$
图形			
顶点坐标	$(\pm a,0),(0,\pm b)$	$(\pm a,0)$	$(0,0)$
对称轴	x 轴,长轴长 $2a$; y 轴,短轴长 $2b$	x 轴,实轴长 $2a$; y 轴,虚轴长 $2b$	x 轴
焦点坐标	$(\pm c,0)$ $c=\sqrt{a^2-b^2}$	$(\pm c,0)$ $c=\sqrt{a^2+b^2}$	$\left(\dfrac{p}{2},0\right)$
离心率 $e=\dfrac{c}{a}$	$0<e<1$	$e>1$	$e=1$
准线方程	$x=\pm\dfrac{a^2}{c}$	$x=\pm\dfrac{a^2}{c}$	$x=-\dfrac{p}{2}$
渐近线方程		$y=\pm\dfrac{b}{a}x$	

(2) 椭圆、双曲线、抛物线统称圆锥曲线,它们的统一性如下:

① 从方程的形式看:在直角坐标系中,这几种曲线的方程都是二元二次的,所以它们属于二次曲线.

② 从点的集合(或轨迹)的观点看:它们都是与定点和定直线距离的比是常数 e 的点的集合(或轨迹),这个定点是它们的焦点,定直线是它们的准线,只是由于离心率 e 取值范围的不同,而分为椭圆、双曲线和抛物线三种曲线❶.

③ 这三种曲线都是由平面截圆锥面得到的截线.

在宇宙间运动的天体,如行星、彗星、人造卫星等,由于运动速度的不同,它们的轨道有的是椭圆,有的是抛物线,有的是双曲线(见图 4-22)❷.

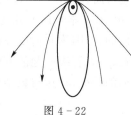

图 4-22

(3) 坐标法是研究曲线的一种重要方法.本章在第三章的基础上进一步学习了求曲线方程的一般方法,如何利用曲线的方程讨论曲线的几何性质,以及用坐标法证明简单的几何问题等.

(4) 椭圆、双曲线、抛物线是常见的曲线,利用它们的方程及几何性质,可以解决一些简单的实际问题.本章通过例题,给出了解决某些实际问题的一般方法.

二、学习要求和需要注意的问题

1. 学习要求

(1) 掌握椭圆的定义、标准方程和椭圆的简单几何性质;理解椭圆的参数方程.

(2) 掌握双曲线的定义、标准方程和简单几何性质.

(3) 掌握抛物线的定义、标准方程和简单几何性质.

(4) 了解圆锥曲线的简单应用.

(5) 结合所学内容,进一步加强对运动变化和对立统一等观点的认识.

2. 需要注意的问题

(1) 这一章里导出了几种不同形式的椭圆、双曲线、抛物线的方程,其中最重要的是它们的标准方程

$$\frac{x^2}{a^2}+\frac{y^2}{b^2}=1(a>b>0),$$

$$\frac{x^2}{a^2}-\frac{y^2}{b^2}=1(a>0,b>0),$$

$$y^2=2px(p>0).$$

由这三种方程可以演变出其余的方程.学习时要抓住重点,熟悉并掌握这三种方程.

---

❶ 有条件的同学,可以通过在计算机上演示,观察当 $e(e>0)$ 由小变大时,圆锥曲线形状变化的规律.

❷ 太阳系中九大行星及其卫星运动的轨道都是椭圆形的,而彗星运动的轨道分椭圆形、双曲线形和抛物线形三种.轨道是椭圆形的彗星称为周期彗星,我们可以定期观测到它,例如著名的哈雷彗星,平均每隔 76 年我们就可以观测到一次.轨道是双曲线形和抛物线形的彗星,称为非周期彗星,我们只能看到它一次,然后它将永远不再回来.不过,由于大行星引力的影响,有些彗星的轨道也会改变.

（2）在工作和学习过程中，有时需要画出椭圆、双曲线、抛物线的图形，教科书中重点介绍了如何利用这些曲线的几何性质描点画图的方法❶。

（3）学习本章的目的，不仅是掌握圆锥曲线的定义和性质，而且要通过对椭圆、双曲线、抛物线的研究，进一步学习如何用代数方法（坐标法）研究几何问题，即要掌握坐标法。要学习一些常见的求曲线方程的方法，以及如何利用曲线的方程讨论曲线的几何性质等。

（4）圆锥曲线是符合某种条件的点的轨迹，它可以看作平面内的点按一定规律运动形成的，因此本章处处充满着运动变化的思想。学习这一章，要注意学习如何利用运动变化的观点思考问题，如何利用数学研究运动变化着的现实世界，以提高分析问题和解决问题的能力。

（5）本章研究几何图形时，大量采用坐标法，利用曲线的方程讨论曲线的性质、解决几何问题。因为几何研究的对象是图形，而图形的直观性会帮助我们发现问题，启发我们的思路，找到解决问题的有效方法，所以在解本章的题目时，最好先画出草图，注意观察、分析图形的特征，将形与数结合起来。

（6）圆锥曲线在生产和日常生活中有许多重要的应用。为了解决与椭圆、双曲线、抛物线有关的实际问题，首先要把实际问题转化为数学问题，要注意教科书中分析有关例题时，是如何对实际问题进行数学抽象，如何通过选择适当的坐标系使问题变得简单的。

三、参考例题

例1 一动圆与圆 $x^2+y^2+6x+5=0$ 外切，同时与圆 $x^2+y^2-6x-91=0$ 内切，求动圆圆心的轨迹方程，并说明它是什么样的曲线。

分析：本题可以按求点的轨迹方程的一般方法来解。设动圆圆心的坐标为 (x,y)，利用初中学过的两圆相切的性质和判定定理（即充要条件）列出方程，最后化简整理。

本题也可以从分析图形入手来寻找解题思路。设动圆的半径为 R，由图 4-23 可知，$|O_1P|=|O_1M|+R$，$|O_2P|=|O_2N|-R$。$|O_1P|+|O_2P|=|O_1M|+R+|O_2N|-R=|O_1M|+|O_2N|$ 为常数，利用椭圆的定义，可以直接求出它的方程。

解法1 如图 4-23 所示，设动圆圆心为 $P(x,y)$，半径为 R，两已知圆的圆心分别为 O_1、O_2。

分别将两已知圆的方程

$$x^2+y^2+6x+5=0,$$
$$x^2+y^2-6x-91=0$$

配方，得

$$(x+3)^2+y^2=4,$$
$$(x-3)^2+y^2=100.$$

当 $\odot P$ 与 $\odot O_1$：$(x+3)^2+y^2=4$ 外切时，有
$$|O_1P|=R+2, \qquad ①$$

当 $\odot P$ 与 $\odot O_2$：$(x-3)^2+y^2=100$ 内切时，有
$$|O_2P|=10-R. \qquad ②$$

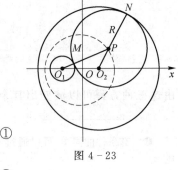

图 4-23

---

❶ 利用计算机软件，可以很方便地画出圆锥曲线的图形，有条件的同学可以试一下。

式①、式②的两边分别相加,得
$$|O_1P|+|O_2P|=12,$$
即
$$\sqrt{(x+3)^2+y^2}+\sqrt{(x-3)^2+y^2}=12. \qquad ③$$
化简方程③.先移项,再两边分别平方,整理得
$$2\sqrt{(x+3)^2+y^2}=12+x. \qquad ④$$
将④两边分别平方,整理得
$$3x^2+4y^2-108=0. \qquad ⑤$$
将常数项移至方程的右边,两边分别除以108,得
$$\frac{x^2}{36}+\frac{y^2}{27}=1. \qquad ⑥$$
由方程⑥可知,动圆圆心的轨迹是椭圆,它的长轴长和短轴长分别为 $12,6\sqrt{3}$,如图 4-23 中虚线所示.

解法 2 同解 1,得方程
$$\sqrt{(x+3)^2+y^2}+\sqrt{(x-3)^2+y^2}=12. \qquad ①$$
由方程①可知,动圆圆心 $P(x,y)$ 到点 $O_1(-3,0)$ 和点 $O_2(3,0)$ 距离的和是常数 12,所以点 P 的轨迹是焦点为 $(-3,0)$、$(3,0)$,长轴长等于 12 的椭圆,并且这个椭圆的中心与坐标原点重合,焦点在 x 轴上,于是可以求出它的标准方程.

由 $2c=6, 2a=12,$
得 $c=3, a=6.$
所以 $b^2=36-9=27.$
于是得动圆圆心的轨迹方程为
$$\frac{x^2}{36}+\frac{y^2}{27}=1.$$
这个椭圆的长轴和短轴的长分别为 $12, 6\sqrt{3}$,图形如图 4-23 中虚线所示.

例 2 如图 4-24 所示,直线 $y=x-2$ 与抛物线 $y^2=2x$ 相交于点 A、B,求证:$OA \perp OB$.

证法 1 将 $y=x-2$ 代入 $y^2=2x$,得
$$(x-2)^2=2x.$$
化简得
$$x^2-6x+4=0.$$
解得
$$x=3\pm\sqrt{5},$$
则
$$y=3\pm\sqrt{5}-2=1\pm\sqrt{5}.$$
因为 $k_{OB}=\dfrac{1+\sqrt{5}}{3+\sqrt{5}}, k_{OA}=\dfrac{1-\sqrt{5}}{3-\sqrt{5}},$
所以 $k_{OB} \cdot k_{OA}=\dfrac{1+\sqrt{5}}{3+\sqrt{5}} \times \dfrac{1-\sqrt{5}}{3-\sqrt{5}}=\dfrac{1-5}{9-5}=-1.$

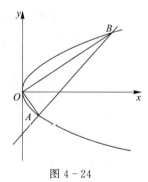

图 4-24

所以 $OA \perp OB$.

证法 2 同证法 1,得方程
$$x^2 - 6x + 4 = 0. \qquad ①$$

由一元二次方程根与系数的关系,可知
$$x_1 + x_2 = 6, x_1 \cdot x_2 = 4.$$

由 $y_1 = x_1 - 2, y_2 = x_2 - 2$,

得 $y_1 \cdot y_2 = (x_1 - 2)(x_2 - 2)$
$= x_1 \cdot x_2 - 2(x_1 + x_2) + 4$
$= 4 - 12 + 4$
$= -4.$

从而 $k_{OA} \cdot k_{OB} = \dfrac{y_1}{x_1} \cdot \dfrac{y_2}{x_2} = \dfrac{y_1 y_2}{x_1 x_2} = \dfrac{-4}{4} = -1.$

所以 $OA \perp OB$.

[当方程中系数为字母或绝对值较大的数时,证法 2 比证法 1 简单,对于椭圆、双曲线更是如此.]

习题 4

A 组

1. 根据下列条件判断方程 $\dfrac{x^2}{9-k} + \dfrac{y^2}{4-k} = 1$ 表示什么曲线:

   (1) $k < 4$;　　　　　　　　　　(2) $4 < k < 9$.

2. 当 α 从 $0°$ 到 $180°$ 变化时,曲线 $x^2 + y^2 \cos \alpha = 1$ 怎样变化?

3. 选择题:

   方程 $x^2 - 4x + 1 = 0$ 的两个根可分别作为(　　).

   A. 一椭圆和一双曲线的离心率　　　B. 两抛物线的离心率

   C. 一椭圆和一抛物线的离心率　　　D. 两椭圆的离心率

4. 选择题:

   与两圆 $x^2 + y^2 = 1$ 及 $x^2 + y^2 - 8x + 12 = 0$ 都外切的圆的圆心在(　　).

   A. 一个椭圆上　　　　　　　　　　B. 双曲线的一支上

   C. 一条抛物线上　　　　　　　　　D. 一个圆上

5. 已知 $\triangle ABC$ 三边 AB、BC、CA 的长成等差数列,且 $|AB| > |CA|$,点 B、C 的坐标为 $(-1, 0)$、$(1, 0)$,求点 A 的轨迹方程,并说明它是什么曲线.

6. 在椭圆 $\dfrac{x^2}{45} + \dfrac{y^2}{20} = 1$ 上求一点,使它与两个焦点的连线互相垂直.

7. 选择题:

   曲线 $\dfrac{x^2}{25} + \dfrac{y^2}{9} = 1$ 与曲线 $\dfrac{x^2}{25-k} + \dfrac{y^2}{9-k} = 1 (k<9)$ 的(　　).

   A. 长、短轴相等　　　　　　　　　B. 焦距相等

C. 离心率相等　　　　　　　　D. 准线相同

8. 直线 $x-2y+2=0$ 与椭圆 $x^2+4y^2=4$ 相交于 A、B 两点,求 A、B 两点的距离.

9. 已知中心在坐标原点的双曲线的一个焦点是 $F_1(-4,0)$,一条渐近线的方程是 $3x-2y=0$,求双曲线的方程.

10. 双曲线的离心率等于 $\dfrac{\sqrt{5}}{2}$,且与椭圆 $\dfrac{x^2}{9}+\dfrac{y^2}{4}=1$ 有公共焦点,求此双曲线的方程.

11. 已知双曲线的离心率为 2,求它的两条渐近线所成的锐角.

12. 一个圆的圆心在双曲线 $3x^2-y^2=12$ 的右焦点上,并且此圆过坐标原点,求这个圆的方程.

13. 如果直线 $y=kx-1$ 与双曲线 $x^2-y^2=4$ 没有公共点,求 k 的取值范围.

14. 一圆经过点 $F(0,3)$,且和直线 $y+3=0$ 相切,求圆心的轨迹方程,并画出图形.

15. 求抛物线 $y^2=2px(p>0)$ 上各点与焦点连线中点的轨迹方程.

16. 设抛物线的顶点为 O,经过焦点垂直于轴的直线和抛物线交于两点 B、C,经过抛物线上一点 P 垂直于轴的直线和轴交于点 Q,求证线段 $|PQ|$ 是 $|BC|$ 和 $|OQ|$ 的比例中项.

17. 选择题:
    圆心在抛物线 $x^2=2y(x>0)$ 上,并且与抛物线的准线及 y 轴都相切的圆的方程是( ).

    A. $x^2+y^2-x-2y-\dfrac{1}{4}=0$

    B. $x^2+y^2+x-2y+1=0$

    C. $x^2+y^2-x-2y+1=0$

    D. $x^2+y^2-2x-y+\dfrac{1}{4}=0$

B 组

1. 设 $M(x_0,y_0)$ 是椭圆 $\dfrac{x^2}{a^2}+\dfrac{y^2}{b^2}=1(a>b>0)$ 上一点,r_1 和 r_2 分别是点 M 与点 $F_1(-c,0)$、$F_2(c,0)$ 的距离,求证:
$$r_1=a+ex_0, r_2=a-ex_0.$$
其中 e 是离心率.

2. 过抛物线 $y^2=2px(p>0)$ 的焦点 F 的直线与抛物线相交于 A、B 两点,自 A、B 向准线作垂线,垂足分别为 A'、B',求证 $\angle A'FB'=90°$.

3. 点 P 是椭圆 $16x^2+25y^2=1\ 600$ 上一点,F_1、F_2 是椭圆的两个焦点. 又知点 P 在 x 轴上方,F_2 为椭圆的右焦点,直线 PF_2 的斜率为 $-4\sqrt{3}$,求 $\triangle PF_1F_2$ 的面积.

4. 人造地球卫星的运行轨道是以地心为一个焦点的椭圆. 设地球半径为 R,卫星近地点、远地点离地面的距离分别为 r_1、r_2,求卫星轨道的离心率.

5. 两定点的坐标分别为 $A(-1,0)$、$B(2,0)$,动点 M 满足条件 $\angle MBA=2\angle MAB$,求动点 M 的轨迹方程.

6. 求曲线 $y^2=-4-2x$ 上与坐标原点距离最近的点的坐标.

附录　部分中英文词汇对照表

中文	英文
算术平均数	arithmetic mean
几何平均数	geometric mean
比较法	method of compare
综合法	method of synthesis
分析法	method of analysis
倾斜角	angle of inclination
斜率	gradient
点斜式	point slope form
截距	intercept
斜截式	gradient intercept form
两点式	two-point form
一般式	general form
夹角	included angle
线性规划	linear programming
约束条件	constraint condition
目标函数	objective function
可行域	feasible region
最优解	optimal solution
曲线	curve
坐标法	method of coordinate
解析几何	analytic geometry
笛卡儿	Descartes
标准方程	standard equation
一般方程	general equation
参数方程	parameter equation
参数	parameter
圆锥曲线	point conic
椭圆	ellipse
焦点	focus, focal points
焦距	focal length
长轴	major axis
短轴	minor axis
离心率	eccentricity

双曲线	hyperbola
实轴	real axis
虚轴	imaginary axis
渐近线	asymptote
抛物线	parabola
准线	directrix

贵州省中职单报高职考试数学真题(一)

一、单项选择题(本题 20 小题,每小题 3 分,共 60 分)

1. 设集合 $M=\{x|x\leqslant 2\}$,$a=2\sqrt{2}$,则下列结论中正确的是( ).
   A. $\{a\}\in M$ B. $\{a\}\subset M$
   C. $a\notin M$ D. $a\subset M$

2. 函数 $y=\sqrt{|x-1|}$ 的定义域是( ).
   A. $(-\infty,+\infty)$ B. $[-1,1]$
   C. $[0,1]$ D. $[-1,0]$

3. 已知角 a 的终边通过点 $P(-4,3)$,则 $\sin^2 a+\cos^2 a+\tan^2 a=$( ).
   A. $\dfrac{16}{25}$ B. $\dfrac{25}{16}$ C. $\dfrac{9}{25}$ D. $\dfrac{9}{16}$

4. 已知直线 $ax+\dfrac{1}{2}y-6=0$ 与直线 $2x-y+1=0$ 垂直,则 $a=$( ).
   A. -1 B. $\dfrac{1}{4}$ C. $-\dfrac{1}{4}$ D. 2

5. 已知 $y=f(x)$ 在 $(-\infty,+\infty)$ 内为奇函数,且当 $x>0$ 时是增函数,则下列结论中正确的是( ).
   A. $f(-1)<f(-2)<f(-3)$ B. $f(-3)<f(-2)<f(-1)$
   C. $f(-2)<f(-1)<f(-3)$ D. $f(-3)<f(-1)<f(-2)$

6. 若 $\lg 36=2x$,则下列各式中正确的是( ).
   A. $x=\lg\dfrac{36}{2}$ B. $10^{-x}=6$
   C. $10^x=6$ D. $10^{-x}=\dfrac{1}{6}$

7. 若角 $a=120°$,则角 $k\cdot 360°-a(k\in \mathbf{z})$ 所在的象限是( ).
   A. 第一象限 B. 第二象限 C. 第三象限 D. 第四象限

8. 若直线 $2x+y+m=0$(其中 m 为常数)通过圆 $x^2+y^2+4x-2y+1=0$ 的圆心,则 m 的值是( ).
   A. -2 B. -3 C. 3 D. 2

9. 函数 $y=2-5\sin x$ 的最大值是( ).
   A. -3 B. 7 C. 5 D. 2

10. 已知点 $A(0,3)$、$B(2,1)$,则线段 AB 的垂直平分线的方程为( ).
    A. $y-x-1=0$ B. $y+x-1=0$
    C. $y-x+1=0$ D. $y+x+1=0$

11. $\cos x = \frac{1}{2}, x \in [0, \pi]$，则 $\tan x$ 等于（　　）.

　　A. $\sqrt{3}$　　　　B. $-\sqrt{3}$　　　　C. $\frac{\sqrt{3}}{3}$　　　　D. $-\frac{\sqrt{3}}{3}$

12. 三个数 $\sqrt{3}$、$x-1$、$3\sqrt{3}$ 成等比数列，则 x 等于（　　）.

　　A. -3 或 3　　　B. -2 或 4　　　C. -9 或 9　　　D. -4 或 2

13. 若 $\frac{\pi}{2} < \alpha < \pi$，则方程 $x^2 \sin \alpha + y^2 \cos \alpha = 1$ 所表示的是（　　）.

　　A. 两条直线　　　B. 圆　　　　　　C. 椭圆　　　　　D. 双曲线

14. 如果函数 $y = \log_a^2 x$ 在区间 $(0, +\infty)$ 内是减函数，则下列结论中正确的是（　　）.

　　A. $|a| > 1$　　　　　　　　　　　B. $|a| > 0$ 且 $a \neq 1$

　　C. $|a| < 1$ 且 $a \neq 0$　　　　　　D. $|a| \neq 1$

15. 若 $125^{y-1} = 5^x$，$7^{x-4} = 49^y$，则 $x - y = $（　　）.

　　A. 11　　　　　　B. 7　　　　　　　C. 18　　　　　　D. 25

16. 设 F_1、F_2 是椭圆 $\frac{x^2}{16} + \frac{y^2}{9} = 1$ 的两焦点，P 是椭圆上一点，则 P 与 F_1、F_2 所成的 $\triangle PF_1F_2$ 的周长为（　　）.

　　A. $8 + 2\sqrt{7}$　　B. $6 + \sqrt{7}$　　C. 25　　　　　D. 不能确定

17. 等差数列 $\{a_n\}$ 中，已知 $a_1 + a_2 + a_3 = \frac{9}{2}$，$a_1 \cdot a_2 \cdot a_3 = -6$，则公差 $d = $（　　）.

　　A. $-\frac{5}{2}$　　　　B. $\pm \frac{5}{2}$　　　　C. $\frac{5}{2}$　　　　D. $\frac{3}{2}$

18. 若 $M(m, n)$ 是直线 $y = -x$ 上一点，则 m 与 n 的关系成立的是（　　）.

　　A. $m = n$　　　B. $m = -n$　　　C. $m = -|n|$　　D. $m > n$

19. 函数 $y = \frac{1}{3}\cos\left(\frac{x}{a} + \frac{\pi}{6}\right)$ 的最小正周期是 4π，则正数 a 的值是（　　）.

　　A. 2　　　　　　B. $\frac{1}{2}$　　　　C. $\frac{1}{4}$　　　　D. 4

20. 函数 $f(x) = \frac{1}{x} - x$，对于任意不为零的实数 x，下列各式中恒成立的是（　　）.

　　A. $f(x) \cdot f\left(\frac{1}{x}\right) = 1$　　　　　　B. $f(x) + f\left(\frac{1}{x}\right) = 0$

　　C. $f(x) - f(-x) = 0$　　　　　　　D. $f(x) - f\left(\frac{1}{x}\right) = 0$

二、填空题（本题 10 小题，每小题 4 分，共 40 分）

21. $\sqrt{5} \cdot (5\sqrt{5})^2 \cdot \left(\frac{\sqrt{5}}{5}\right)^3 = $ ＿＿＿＿＿＿＿.

22. $\sin 35° \cdot \tan 45° \cdot \cos 10° + \sin 55° \cdot \sin 10° = $ ＿＿＿＿＿＿＿.

23. 若 $A = \{x \mid x^2 - 4 = 0\}$，$B = \{x \mid |x| \leq 2\}$，则 $A \cup B = $ ＿＿＿＿＿＿＿.

24. $\arcsin\left(-\frac{\sqrt{2}}{2}\right)$ 所表示的角等于 ＿＿＿＿＿＿＿.

25. 函数 $y = \sqrt{1 - \log_{\frac{1}{2}} x}$ 的定义域是_____.

26. 已知 $\tan a = 2$,则 $\dfrac{2\sin a + \cos a}{\sin a + 3\cos a} = $_____.

27. 函数 $y = \dfrac{x}{2x-1}\left(x \neq \dfrac{1}{2}\right)$ 的反函数为_____.

28. 如果 $\sin(\pi + a) = -\dfrac{1}{2}$,则 $\cos(3\pi - a) = $_____.

29. 点 $P(-1,3)$ 到直线 $x - y - 1 = 0$ 的距离为_____.

30. $\log_3(\log_6 126) = $_____.

三、计算题(本题 5 小题,每小题 7 分,共 35 分)

31. 计算 $\dfrac{\sin^2\left(-\dfrac{25}{4}\pi\right) - 3\tan\dfrac{17}{3}\pi \cdot \cot\left(-\dfrac{19}{3}\pi\right) + \dfrac{1}{2}\cos 5\pi}{1 - \sec^2\dfrac{7}{6}\pi}$.

32. 已知抛物线经过点 $\left(-\dfrac{1}{4}, -\sqrt{2}\right)$ 且关于 X 轴对称,它的顶点在坐标原点,求此抛物线的标准方程.

33. 设等比数列 $\{a_n\}$ 各项都是负数,其前 n 项和 $s_n = 4a_n + 1$,求数列 $\{a_n\}$ 的公比 q 和首项 a_1.

34. 已知 $\sin a + \sin \beta + \sin \gamma = 0$,$\cos a + \cos \beta + \cos \gamma = 0$,且 $0 < \beta - \gamma < \pi$,求 $\sin(\beta - \gamma)$ 的值.

35. 已知一椭圆 $\dfrac{x^2}{a^2}+\dfrac{y^2}{b^2}=1(a>b>0)$ 与一条斜率为 $\dfrac{3}{4}$ 的直线交于点$(2,3)$且椭圆的右焦点到该直线的距离为 $\dfrac{12}{5}$，求 a^2+b^2 的值．

四、证明题（7分）

36. 证明 $(\csc a + \cot a)(1-\cos a) = \sin a$．

五、应用题（8分）

37. 要修建一个面积为450 m²的鱼池，并在四周修出宽分别为1 m与2 m的小路，那么占地面积最少为多少平方米？

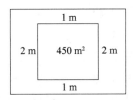

贵州省中职单报高职考试数学真题(二)

一、单项选择题(本题 20 小题,每小题 3 分,共 60 分)

1. 集合 $\{1,3,5,7\}$ 用描述法表示应是( ).
   A. $\{x|x$ 是不大于 7 的非负奇数$\}$
   B. $\{x|1\leqslant x\leqslant 7\}$
   C. $\{x|1\leqslant x\leqslant 7, x\in \mathbf{Z}\}$
   D. $\{x|x\leqslant 7, x\in \mathbf{Z}\}$

2. 下列函数中为增函数的是( ).
   A. $y=-2x+1$
   B. $y=x^2$
   C. $y=\sqrt[3]{x}$
   D. $y=\left(\dfrac{1}{2}\right)^x$

3. 若 $2\sin\theta=-3\cos\theta$,则角 θ 的终边可能在( ).
   A. 第一、二象限
   B. 第一、三象限
   C. 第二、四象限
   D. 第二、三象限

4. 与角 $75°$ 终边不相同的角是( ).
   A. $1\,255°$
   B. $-285°$
   C. $435°$
   D. $1\,515°$

5. 若 $a=\sqrt[3]{(-8)^3}$,$b=\sqrt{(-10)^2}$,则 $a+b$ 的值为( ).
   A. -18
   B. 18
   C. -2
   D. 2

6. 已知数列 a、$a(1-a)$、$a(1-a)^2$、$\cdots$ 是等比数列,则实数 a 的取值范围是( ).
   A. $a\neq 1$
   B. $a\neq 0$
   C. $a\neq 0$ 或 $a\neq 1$
   D. $a\neq 0$ 且 $a\neq 1$

7. 过点 $(-2,3)$ 与 x 轴平行的直线方程是( ).
   A. $x=-2$
   B. $y=-2$
   C. $x=3$
   D. $y=3$

8. $\cos 600°$ 的值为( ).
   A. $\dfrac{1}{2}$
   B. $-\dfrac{1}{2}$
   C. $\dfrac{\sqrt{3}}{2}$
   D. $-\dfrac{\sqrt{3}}{2}$

9. $f(x)=-\left|\sqrt[3]{x}\right|$ 是( ).
   A. 奇函数
   B. 偶函数
   C. 非奇非偶函数
   D. 既是奇函数又是偶函数

10. $2\log_5 25+\log_2 16-8\log_3 1$ 的值为( ).
    A. 12
    B. 16
    C. 20
    D. 8

11. 与直线 $l: 4x+5y+2=0$ 垂直的直线的斜率是（   ）.

   A. $\dfrac{5}{4}$　　B. $\dfrac{4}{5}$　　C. $-\dfrac{5}{4}$　　D. $-\dfrac{4}{5}$

12. 在等差数列 -1、2、5、8、$\cdots$ 中，第 10 项的值是（   ）.

   A. 23　　B. 26　　C. 29　　D. 32

13. $\sin 40°\cos 10°-\cos 40°\sin 10°$ 的值为（   ）.

   A. $\dfrac{1}{4}$　　B. $\dfrac{\sqrt{3}}{2}$　　C. $\dfrac{1}{2}$　　D. $\dfrac{\sqrt{3}}{4}$

14. 双曲线的一个顶点坐标是 $(3,0)$，左焦点是 $(-5,0)$，则双曲线的方程是（   ）.

   A. $\dfrac{x^2}{16}-\dfrac{y^2}{9}=1$　　B. $\dfrac{x^2}{9}-\dfrac{y^2}{16}=1$

   C. $\dfrac{x^2}{9}-\dfrac{y^2}{25}=1$　　D. $\dfrac{x^2}{25}-\dfrac{y^2}{9}=1$

15. $\sin 210°$ 的值是（   ）.

   A. $\dfrac{1}{2}$　　B. $-\dfrac{1}{2}$　　C. $\dfrac{\pi}{6}$　　D. $-\dfrac{\pi}{6}$

16. 直线 $2x-3y+12=0$ 与坐标轴围成的面积是（   ）.

   A. 12　　B. 24　　C. 6　　D. 18

17. 函数 $y=\sqrt{2}\sin 3x$ 的周期是（   ）.

   A. 2π　　B. $\dfrac{3\pi}{2}$　　C. $\dfrac{2\pi}{3}$　　D. $\dfrac{\pi}{3}$

18. 已知直线 l 过点 $P_1(-2,3)$ 与 $P_2(1,-2)$，则直线 l 的斜率是（   ）.

   A. $\dfrac{5}{3}$　　B. $-\dfrac{5}{3}$　　C. 1　　D. $\dfrac{3}{5}$

19. $y=2-\sin\left(x-\dfrac{\pi}{4}\right)$ 的最大值是（   ）.

   A. 2　　B. 3　　C. 1　　D. 无法确定

20. 抛物线 $y=\dfrac{1}{4}x^2$ 的焦点坐标是（   ）.

   A. $(0,1)$　　B. $(1,0)$　　C. $(0,-1)$　　D. $(-1,0)$

二、**填空题**（本题 10 小题，每小题 4 分，共 40 分）

21. 点 $P_1(-3,2)$ 与 $P_2(7,6)$ 的中点坐标是 _____．

22. 比较大小：$\tan 125°$ _____ $\tan 137°$．

23. $\lg 2+\log_{100}25=$ _____．

24. 已知 $\tan a=\sqrt{3}$，且 $a\in\left(-\dfrac{\pi}{2},\dfrac{\pi}{2}\right)$，则 $a=$ _____．

25. $f(x)=\log_2(5-x)+\sqrt{x-3}$ 的定义域是 _____．

26. $2\sin 0\cos\dfrac{\pi}{2}+3\tan\pi\cot\dfrac{3}{2}\pi+5\sin\dfrac{\pi}{2}\cos 2\pi=$ _____．

27. 已知 $f(x)=(a-1)^x$ 是减函数，则 a 的取值范围是 _____．

28. 若 $\sin\theta=\dfrac{4}{5}$，则 $\cos 2\theta=$ _____．

29. 点 $P(1,1)$ 到直线 $3x+4y-2=0$ 距离是 _____.

30. $\left(\dfrac{\tan a}{\sec a}\right)^2 + \cos^2 a = $ _____.

三、**计算题**(本题 6 小题,每小题 6 分,共 36 分)

31. 已知角 a 终边上一点 P 到 x 轴、y 轴的距离之比为 $4:3$,且 $\cos a < 0$,求 $\cos a - \sin a$ 的值.

32. 已知 $y = f(x)$ 是一次函数,且有 $f[f(x)] = 9x - 8$,求 $f(x)$.

33. 化简 $\dfrac{\sin^2(a+\pi)\cos(\pi-a)\cot(-a-2\pi)}{\tan(\pi-a)\cos^3(-a-\pi)}$.

34. 在等比数列 $\{a_n\}$ 中,$a_2 = 6$,$a_5 = 162$,求 a_4.

35. 已知直线 l 过坐标原点且与直线 $4x - y + 5 = 0$ 的夹角是 $\dfrac{\pi}{4}$,求直线 l 的方程.

36. 以圆 $x^2-8x+y^2-9=0$ 的圆心为椭圆的右焦点,半径为椭圆的长半轴,求椭圆的标准方程.

四、证明题(8分)

37. 证明：$\dfrac{\cos^2 a - \sin^2 a}{1 - 2\sin a\cos a} = \tan\left(\dfrac{\pi}{4} + a\right)$.

五、应用题(6分)

38. 设计一个水槽,其横截面积为等腰梯形,如图所示,要求满足 $AB+BC+CD=a$, a 为常数, $\angle ABC=120°$, 写出横截面面积 y 与腰长 x 间的关系.

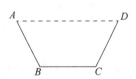

贵州省中职单报高职考试数学真题(三)

一、单项选择题(本题 20 小题,每小题 3 分,共 60 分)

1. 设集合 $A=\{1,2,3,4\}$,$B=\{3,4,5,6\}$,则 $A\cap B=$( ).
   A. $\{1,2,3,4,5,6\}$
   B. $\{1,3,5,6\}$
   C. $\{2,4\}$
   D. $\varnothing$

2. 函数 $y=\dfrac{1}{x+1}$ 的定义域是( ).
   A. $(-\infty,+\infty)$
   B. $(-1,+\infty)$
   C. $(-\infty,-1)$
   D. $(-\infty,-1)\cup(-1,+\infty)$

3. 若角 α 的终边在 y 轴的正半轴上,则 $\sin\alpha=$( ).
   A. 0
   B. 1
   C. -1
   D. 2

4. 下列命题中正确的是( ).
   A. $0 \subsetneq \{0,-1\}$
   B. $\varnothing = \{0\}$
   C. $0 \in \{0\}$
   D. $\varnothing \in \{0\}$

5. 设函数 $f(x)=\begin{cases} 2x-1, x\leqslant 0, \\ x^2, x>0, \end{cases}$ 则 $f(0)$ 的值为( ).
   A. 0
   B. -1
   C. 1
   D. 2

6. 函数 $y=\dfrac{1}{x}$ 的图像在( ).
   A. 第一、三象限
   B. 第一、二象限
   C. 第二、四象限
   D. 第三、四象限

7. 设定义在 **R** 上的函数为 $f(x)=2x|3x|$,则 $f(x)$ 是( ).
   A. 偶函数,增函数
   B. 偶函数,减函数
   C. 奇函数,增函数
   D. 奇函数,减函数

8. $\sin 600°$ 的值是( ).
   A. $\dfrac{1}{2}$
   B. $-\dfrac{1}{2}$
   C. $\dfrac{\sqrt{3}}{2}$
   D. $-\dfrac{\sqrt{3}}{2}$

9. 设全集 $I=\{1,2,3,4,5\}$,集合 $A=\{1,3\}$,则 $\complement_I A=$( ).
   A. $\{1,3\}$
   B. $\{2,3,4,5\}$
   C. $\{2,4,5\}$
   D. $\{1,4,5\}$

10. $\sin\dfrac{\pi}{12}\cos\dfrac{\pi}{12}$ 的值等于( ).

   A. $\dfrac{1}{2}$ B. $\dfrac{1}{4}$

   C. $\dfrac{\sqrt{3}}{2}$ D. $\dfrac{\sqrt{3}}{4}$

11. 直线 $y-2x+5=0$ 与圆 $x^2+y^2-4x+2y+2=0$ 之间的关系是( ).

   A. 相离 B. 相切
   C. 相交且直线不过圆心 D. 相交且直线过圆心

12. 设 $f(x)=\left(\dfrac{1}{2}\right)^x$，则正确的是( ).

   A. $x_1<x_2$ 时，$f(x_1)<f(x_2)$ B. $x_1<x_2$ 时，$f(x_1)>f(x_2)$
   C. $x<0$ 时，$f(x)<0$ D. $x>0$ 时，$f(x)<0$

13. 直线 $y=\dfrac{\sqrt{3}}{3}x+1$ 的倾斜角是( ).

   A. 60° B. 120° C. 30° D. 150°

14. 不等式 $|x-1|<2$ 的解集是( ).

   A. $\{x\mid -1<x<3\}$ B. $\{x\mid x<-1\ \text{或}\ x>3\}$
   C. $\{x\mid -3<x<1\}$ D. $\{x\mid x<-3\ \text{或}\ x>1\}$

15. 已知 $3^a=7$，则 $\log_3\dfrac{1}{7}=$( ).

   A. a B. $2a$
   C. $-3a$ D. $-a$

16. $4^{1+\log_2 3}$ 等于( ).

   A. 16 B. 12 C. 26 D. 36

17. F_1、F_2 是椭圆 $x^2+4y^2=1$ 的两个焦点，A 是椭圆上任一点，AF_1 的延长线交椭圆于 B，则 $\triangle ABF_2$ 的周长为( ).

   A. 4 B. 3 C. 2 D. 1

18. 等差数列 $-\dfrac{7}{2}$、-3、$-\dfrac{5}{2}$、-2、… 的第 $n+1$ 项是( ).

   A. $\dfrac{1}{2}(n-7)$ B. $\dfrac{1}{2}(n-4)$

   C. $\dfrac{n}{2}-4$ D. $\dfrac{n}{2}-7$

19. 过点 $A(-1,2)$ 和点 $B(2,4)$ 的直线方程是( ).

   A. $2x-3y-8=0$ B. $3x-2y+8=0$
   C. $2x-3y+8=0$ D. $3x-2y-8=0$

20. 函数 $y=\sin x\cos x$ 的最大值是( ).

   A. 2 B. $\dfrac{\sqrt{2}}{2}$

   C. 1 D. $\dfrac{1}{2}$

二、填空题(本题 10 小题,每小题 4 分,共 40 分)

21. 函数 $f(x)=\log_3(2-x)+\sqrt{x-1}$ 的定义域是_____.

22. $4^{-1}\times(2-\sqrt{2})^0+9^{\frac{1}{2}}\times 2^{-2}+\left(\frac{1}{2}\right)^{-\frac{1}{2}}-\sqrt{2}=$ _____.

23. 设函数 $f(x-1)=x^2-2x+2$,则 $f(x)=$ _____.

24. $\tan 20°+\tan 40°+\sqrt{3}\tan 20°\tan 40°=$ _____.

25. 不等式 $\left(\frac{1}{4}\right)^{x-2}<\left(\frac{1}{2}\right)^{x-5}$ 的解集是_____.

26. 函数 $y=\cos 2x$ 的最小正周期是_____.

27. 过点 $M(-2,1)$ 且与直线 $y=-\frac{1}{2}x-3$ 垂直的直线方程是_____.

28. 如果 $\log_{0.2}a>\log_{0.2}3$,则 a 的取值范围是_____.

29. $\lg^2 5+\lg 2\cdot\lg 25+\lg^2 2=$ _____.

30. 化简 $\dfrac{\sin(\pi+\alpha)\cot(\pi-\alpha)}{\cos(-\alpha)\tan(2\pi-\alpha)}=$ _____.

三、计算题(本题 5 小题,每小题 7 分,共 35 分)

31. 已知 $y=f(x)$ 是二次函数,且 $f\left(\frac{1}{2}\right)=f(1)=0,f(0)=1$,求这个函数的解析式.

32. 求 $\sin 75°-\sin 15°$ 的值.

33. 设集合 $M=\{x\mid x^2-3x+2=0\}$,集合 $N=\{x\mid ax-2=0\}$,且 $M\cup N=M$,求实数 a 的值.

34. 已知双曲线的焦点在 x 轴上,且焦距为 26,双曲线上一点到两个焦点距离之差的绝对值等于 10,求双曲线的标准方程.

35. 已知等比数列 $\{a_n\}$ 的第 7 项为 $\dfrac{1}{9}$,公比为 $\dfrac{1}{3}$,求该数列的第 3 项.

四、证明题(7 分)

36. 已知 $f(x) = \log_a \dfrac{1+x}{1-x}(a>0, a \neq 1)$,求证 $f(x)$ 是奇函数.

五、应用题(8 分)

37. 某商品进货单价为 40 元,若按 50 元一个销售,能卖出 500 个,如果销售单价每涨 1 元,销售就减少 10 个,为了获得最大利润,此商品的最佳售价应为每个多少元?

贵州省中职单报高职考试数学真题(四)

一、单项选择题(本题20小题,每小题3分,共60分)

1. 设集合 $A=\{1,2,3,4\}$,$B=\{3,4,5,6\}$,则 $A \cup B =$ ( ).
   A. $\{1,6\}$ B. $\{2,5\}$
   C. $\{3,4\}$ D. $\{1,2,3,4,5,6\}$

2. 函数 $y = \lg(x-1)$ 的定义域是( ).
   A. $\{x|x<-1\}$ B. $\{x|x>1\}$
   C. $\{x|x<0\}$ D. $\{x|x>0\}$

3. 若角 α 的终边过点 $P(3,-4)$,则 $\sin\alpha =$ ( ).
   A. $\dfrac{3}{5}$ B. $\dfrac{4}{5}$
   C. $-\dfrac{3}{5}$ D. $-\dfrac{4}{5}$

4. 下列命题中正确的是( ).
   A. $1 \subsetneq \{0,1\}$ B. $\varphi = \{0\}$
   C. $0 \in \{0\}$ D. $\varphi \in \{0\}$

5. 设函数 $f(x) = \sqrt{x^2-8}$,则 $f(-3)$ 的值为( ).
   A. $2\sqrt{2}$ B. 1
   C. -1 D. $\sqrt{11}$

6. 函数 $y = x+1$ 的图像过( ).
   A. 第一、二、三象限 B. 第一、二、四象限
   C. 第二、三、四象限 D. 第一、三、四象限

7. 函数 $y = |x|$ 在区间 $(0,+\infty)$ 内是( ).
   A. 奇函数 B. 偶函数
   C. 增函数 D. 减函数

8. $\sin 930°$ 的值是( ).
   A. $-\dfrac{1}{2}$ B. $\dfrac{1}{2}$
   C. $\dfrac{\sqrt{3}}{2}$ D. $-\dfrac{\sqrt{3}}{2}$

9. 设全集 $I=\{1,3,5,7,9\}$,集合 $A=\{3,5\}$,则 $\complement_I A =$ ( ).
   A. $\{1,7\}$ B. $\{1,9\}$
   C. $\{1,3,7\}$ D. $\{1,7,9\}$

10. $\sin\dfrac{25\pi}{3}$ 的值是( ).

   A. $-\dfrac{\sqrt{3}}{2}$ B. $\dfrac{\sqrt{3}}{2}$

   C. $-\dfrac{1}{2}$ D. $\dfrac{1}{2}$

11. 圆 $(x+1)^2+(y-1)^2=2$ 的圆心和半径分别为( ).

   A. $(1,-1),2$ B. $(1,-1),\sqrt{2}$

   C. $(-1,1),\sqrt{2}$ D. $(-1,1),2$

12. 函数 $y=\log_2 x$,则正确的是( ).

   A. $x_1<x_2$ 时, $f(x_1)<f(x_2)$ B. $x_1<x_2$ 时, $f(x_1)>f(x_2)$

   C. $x>1$ 时, $f(x)<0$ D. $x>0$ 时, $f(x)>0$

13. 直线 $l:2x-3y+6=0$ 的斜率是( ).

   A. $\dfrac{3}{2}$ B. $-\dfrac{3}{2}$

   C. $\dfrac{2}{3}$ D. $-\dfrac{2}{3}$

14. 不等式 $|3x-1|<1$ 的解集是( ).

   A. $\left\{x\mid 0<x<\dfrac{2}{3}\right\}$ B. $\left\{x\mid x<-1 \text{ 或 } x>\dfrac{2}{3}\right\}$

   C. $\left\{x\mid -\dfrac{1}{3}<x<\dfrac{1}{3}\right\}$ D. $\left\{x\mid -\dfrac{2}{3}<x<0\right\}$

15. 已知 $2^a=3$,则 $\log_2\dfrac{1}{3}=$( ).

   A. a B. $2a$ C. $-3a$ D. $-a$

16. $3^{1+\log_3 5}$ 等于( ).

   A. 5   B. 15   C. 25   D. 8

17. 直线 $l:3x+4y-25=0$ 与圆 $C:x^2+y^2=25$ 的位置关系是( ).

   A. 相交   B. 相切

   C. 相离   D. 都不是

18. 等差数列 $\{a_n\}$ 中, $a_1=1$, $a_2=-2$,那么 a_{10} 等于( ).

   A. -27 B. -26

   C. -17 D. -25

19. 已知直线 l 的倾斜角为 $45°$,且过点 $(-1,-3)$,则直线 l 的方程是( ).

   A. $x+y+2=0$ B. $-x+y-2=0$

   C. $x-y+4=0$ D. $x-y-2=0$

20. $\sin 22.5°\cos 22.5°$ 的值是( ).

   A. $\dfrac{\sqrt{2}}{2}$ B. $\dfrac{1}{2}$

   C. $\dfrac{\sqrt{2}}{4}$ D. $\dfrac{1}{4}$

二、填空题(本题 10 小题,每小题 4 分,共 40 分)

21. 函数 $y = \dfrac{3}{1-\log_2 x}$ 的定义域是_____.

22. $3^{-2} + \left(-\dfrac{5}{3}\right)^0 - \left(3\dfrac{3}{8}\right)^{-\frac{2}{3}} = $_____.

23. 已知函数 $f(x) = x^2 + 2x$,则 $f(2)$ 与 $f\left(\dfrac{1}{2}\right)$ 的积为_____.

24. $\cos 10° \cos 20° - \sin 10° \sin 20° = $_____.

25. 不等式 $\left(\dfrac{1}{3}\right)^{x-1} < \dfrac{1}{9}$ 的解集是_____.

26. 函数 $y = 1 - \sin x$ 的最大值是_____.

27. 过点 $M(1,-2)$ 且与直线 $2x - y + 1 = 0$ 平行的直线方程是_____.

28. 不等式 $\log_{0.5} x \leqslant 1$ 的解集是_____.

29. $\log_{(\sqrt{2}+1)}(\sqrt{2}-1) = $_____.

30. 化简 $\dfrac{\sin(\pi + \alpha)}{\cos(\pi - \alpha)\tan(2\pi - \alpha)} = $_____.

三、计算题(本题 5 小题,每小题 7 分,共 35 分)

31. 已知 $y = f(x)$ 是一次函数,且 $f(2) = 1$,$f(3) = 4$,求这个一次函数的解析式.

32. 已知 $\tan \alpha = -\dfrac{4}{3}$,且 α 是第四象限的角,求 α 的正弦和余弦的值.

33. 若 $M = \{x \mid 2x + a = 0\}$,$P = \{x \mid 1 < x < 4 \text{ 且 } x \in \mathbf{N}^*\}$,且 $M \cap P = \varnothing$,求实数 a.

34. 求以点 C(0,-1) 为圆心,且与直线 $l:3x-4y+16=0$ 相切的圆的方程.

35. 设等差数列 $\{a_n\}$ 的前 n 项和公式是 $S_n=5n^2+3n$,求它的前 3 项,并求它的通项公式.

四、证明题(7 分)

36. 证明:函数 $f(x)=-\dfrac{1}{x}$ 在 $(0,+\infty)$ 内是增函数.

五、应用题(8 分)

37. 若某种储蓄复利计算利率,本金为 N 元,每期利率为 P,设本利和为 y 元,存期为 x,写出本利和随存期 x 变化的函数解析式,如果存入本金为 10 000 元,每期利率为 10%,试计算 3 期之后的本利和是多少.

贵州省中职单报高职考试数学真题（五）

一、单项选择题(本题20小题,每小题3分,共60分)

1. 设集合 $A=\{0,1,3,5\}$，$B=\{1,2,3,6\}$，则 $A\cup B=($).
   A. $\{1,3\}$　　　　　　　　　　B. $\{0,2\}$
   C. $\{3,6\}$　　　　　　　　　　D. $\{0,1,2,3,5,6\}$

2. 函数 $y=\lg x^2$ 的定义域是( ).
   A. $(-\infty,+\infty)$　　　　　B. $(-\infty,0)$
   C. $(0,+\infty)$　　　　　　　　D. $(-\infty,0)\cup(0,+\infty)$

3. 若角 α 的终边过点 $P(-1,1)$，则 $\cos\alpha=($).
   A. $\dfrac{\sqrt{2}}{2}$　　B. $-\dfrac{\sqrt{3}}{2}$　　C. $-\dfrac{\sqrt{2}}{2}$　　D. $\dfrac{\sqrt{3}}{2}$

4. 下列关系中，正确的是( ).
   A. $\{0\}=\varnothing$　　B. $\varnothing\in\{0\}$　　C. $\varnothing\subsetneq\{0\}$　　D. $0\subsetneq\varnothing$

5. 设函数 $f(x)=\dfrac{x^2-2}{x+\sqrt{2}}$，则 $f(\sqrt{2})$ 的值为( ).
   A. $\sqrt{2}$　　B. $-\sqrt{2}$　　C. 0　　D. 2

6. 函数 $y=-x-3$ 的图像过( ).
   A. 第一、二、三象限　　　　　　B. 第一、二、四象限
   C. 第二、三、四象限　　　　　　D. 第一、三、四象限

7. 函数 $y=-x^2$ 在区间 $(-\infty,0)$ 内是( ).
   A. 奇函数　　B. 增函数　　C. 偶函数　　D. 减函数

8. $\cos 960°$ 的值是( ).
   A. $-\dfrac{1}{2}$　　B. $-\dfrac{\sqrt{3}}{2}$　　C. $\dfrac{\sqrt{3}}{2}$　　D. $\dfrac{1}{2}$

9. 设全集 $I=\{0,1,2,3,4,5\}$，集合 $A=\{0,3,4\}$，则 $\complement_I A=($).
   A. $\{0,1,2\}$　　B. $\{3,4,5\}$　　C. $\{2,3,4\}$　　D. $\{1,2,5\}$

10. $\cos\dfrac{25\pi}{4}$ 的值是( ).
    A. $-\dfrac{\sqrt{3}}{2}$　　B. $-\dfrac{\sqrt{2}}{2}$　　C. $\dfrac{\sqrt{3}}{2}$　　D. $\dfrac{\sqrt{2}}{2}$

11. 圆 $x^2+(y+1)^2=3$ 的圆心和半径分别为( ).
    A. $(0,-1),\sqrt{3}$　　　　　　B. $(0,1),\sqrt{3}$
    C. $(0,-1),3$　　　　　　　　　D. $(0,1),3$

12. 函数 $y = e^x$，则正确的是（　　）.
    A. $x > 0$ 时，$f(x) < 1$
    B. $x < 0$ 时，$f(x) > 1$
    C. $x_1 < x_2$ 时，$f(x_1) < f(x_2)$
    D. $x_1 < x_2$ 时，$f(x_1) > f(x_2)$

13. 直线 $l: 3x - y + 1 = 0$ 的斜率是（　　）.
    A. -3　　　　B. 1　　　　C. -1　　　　D. 3

14. 不等式 $|2x - 1| \leqslant 1$ 的解集是（　　）.
    A. $0 < x < 1$
    B. $0 \leqslant x < 1$
    C. $0 \leqslant x \leqslant 1$
    D. $0 < x \leqslant 1$

15. 已知 $3^a = 2$，则 $\log_3 \dfrac{1}{4} = ($　　$)$.
    A. a　　　　B. $-2a$　　　　C. $2a$　　　　D. $-a$

16. $4^{\log_2 3} = ($　　$)$.
    A. 4　　　　B. 5　　　　C. 9　　　　D. 12

17. 已知点 $P_1(3, -2)$、$P_2(5, 4)$，则线段 P_1P_2 的中点坐标是（　　）.
    A. $(3, 4)$
    B. $(2, 4)$
    C. $(4, 1)$
    D. $(4, 2)$

18. 等差数列 $\{a_n\}$ 中，$a_1 = -3$，$a_2 = 0$，那么 a_9 等于（　　）.
    A. 27　　　　B. 18　　　　C. 20　　　　D. 21

19. 已知直线 l 的倾斜角为 $135°$，且过点 $(-1, -1)$，则直线 l 的方程是（　　）.
    A. $-x + y - 2 = 0$
    B. $x - y - 2 = 0$
    C. $x + y + 2 = 0$
    D. $x - y + 4 = 0$

20. $\sin 15° \cdot \cos 15°$ 的值是（　　）.
    A. $\dfrac{\sqrt{2}}{4}$　　　B. $\dfrac{\sqrt{2}}{2}$　　　C. $\dfrac{1}{2}$　　　D. $\dfrac{1}{4}$

二、填空题（本题 10 小题，每小题 4 分，共 40 分）

21. 函数 $y = \dfrac{10}{1 - \lg x}$ 的定义域是 _____.

22. $2^{-2} - \left(3\dfrac{3}{8}\right)^{\frac{2}{3}} + (2\sqrt{2} - \sqrt{2})^0 =$ _____.

23. 已知函数 $f(x) = 8^x$，则 $f\left(\dfrac{1}{3}\right)$ 与 $f(0)$ 的积为 _____.

24. $\sin 10° \cos 20° + \cos 10° \sin 20° =$ _____.

25. 不等式 $\left(\dfrac{1}{2}\right)^{x+1} < \dfrac{1}{4}$ 的解集是 _____.

26. 函数 $y = 1 + 2\cos x$ 的最大值是 _____.

27. 过点 $A(-3, 5)$ 且与直线 $4x - 3y + 7 = 0$ 垂直的直线方程是 _____.

28. 不等式 $\log_2 2x > 1$ 的解集是 _____.

29. $\log_{(\sqrt{2} - 1)}(\sqrt{2} + 1) =$ _____.

30. $a^2 \sin \dfrac{\pi}{2} - 2ab \cdot \cos \pi - b^2 \sin \dfrac{3\pi}{2} + a \cdot \tan 0 - b \cdot \tan \pi =$ _____.

三、**计算题**(本题 5 小题,每小题 7 分,共 35 分)

31. 已知 $f(x)$ 是一次函数,其图像经过点 $A(2,-2)$、$B(1,5)$,求该函数的解析式.

32. 已知 $\sin\alpha = \dfrac{12}{13}$,且 α 是第二象限的角,求 α 的余弦和正切的值.

33. 已知集合 $A = \{a^2, a+2, -1\}$,$B = \{10, 3a-1, a^2+3\}$,且 $A \cap B = \{-1\}$,求实数 a.

34. 求以点 $C(2,-1)$ 为圆心,且与直线 $l: 3x - 4y + 5 = 0$ 相切的圆的方程.

35. 在等比数列 $\{a_n\}$ 中，$a_5=-1$，$a_8=-\dfrac{1}{8}$，求 q 和 a_1．

四、证明题(7分)

36. 已知 $f(x)$ 在 **R** 内为奇函数，且在 $(0,+\infty)$ 内是增函数，证明：$f(x)$ 在 $(-\infty,0)$ 内仍为增函数．

五、应用题(8分)

37. 某企业年产值为 a 万元，计划从今年起年产值平均增长率为 10%，写出年产值与年数变化的函数关系，并求大约多少年后产值可以翻两番．(已知 $\lg 2\approx 0.301\ 0$，$\lg 1.1\approx 0.041\ 4$)

贵州省中职单报高职考试数学真题(六)

一、单项选择题(本题 20 小题,每小题 3 分,共 60 分)

1. 设集合 $A=\{2,3,4,5\}, B=\{1,3,5\}$,则 $A\cap B=($).
   A. $\{1,3\}$
   B. $\{2,4\}$
   C. $\{3,5\}$
   D. $\{1,2,3,4,5\}$

2. 函数 $y=\dfrac{1}{x}$ 的定义域是( ).
   A. $(-\infty,+\infty)$
   B. $(-\infty,0)$
   C. $(0,+\infty)$
   D. $(-\infty,0)\cup(0,+\infty)$

3. 若角 α 的终边过点 $P(-1,\sqrt{3})$,则 $\cos\alpha=($).
   A. $\dfrac{1}{2}$
   B. $-\dfrac{\sqrt{3}}{2}$
   C. $-\dfrac{1}{2}$
   D. $\dfrac{\sqrt{3}}{2}$

4. 下列函数中表示同一函数的是( ).
   A. $f(x)=x, g(x)=\sqrt{x^2}$
   B. $f(x)=x, g(x)=\dfrac{x^2}{x}$
   C. $f(x)=1, g(x)=x^0$
   D. $f(x)=x, g(x)=\sqrt[3]{x^3}$

5. 设函数 $f(x)=x^2-1$,则 $f(2)$ 的值为( ).
   A. 0
   B. 1
   C. 2
   D. 3

6. 函数 $y=x+2$ 的图像不经过( ).
   A. 第一象限
   B. 第二象限
   C. 第三象限
   D. 第四象限

7. 函数 $y=x^2+1$ 在区间 $(-\infty,+\infty)$ 内是( ).
   A. 奇函数
   B. 增函数
   C. 偶函数
   D. 减函数

8. $\sin 390°$ 的值是( ).
   A. $\dfrac{1}{2}$
   B. $-\dfrac{\sqrt{3}}{2}$
   C. $\dfrac{\sqrt{3}}{2}$
   D. $-\dfrac{1}{2}$

9. 设全集 $I=\{-2,-1,0,1,2\}$,集合 $A=\{0,1,2\}$,则 $\complement_I A=($).
   A. $\{0,1,2\}$
   B. $\{-2,-1\}$

C. {1,2}　　　　　　　　　　　D. {−2,−1,0,1,2}

10. $\tan\dfrac{25\pi}{4}$ 的值是（　　）.

　　A. 1　　　　　　　　　　　B. $\sqrt{3}$

　　C. 0　　　　　　　　　　　D. $\dfrac{\sqrt{3}}{3}$

11. 圆 $(x-1)^2+y^2=4$ 的圆心和半径分别为（　　）.
　　A. $(-1,0),4$　　　　　　　B. $(1,0),2$
　　C. $(1,0),4$　　　　　　　　D. $(-1,0),2$

12. 函数 $y=\log_{\frac{1}{2}}x$，则正确的是（　　）.
　　A. $x>0$ 时，$f(x)<1$　　　　　B. $x<0$ 时，$f(x)>1$
　　C. $x_1<x_2$ 时，$f(x_1)<f(x_2)$　D. $x_1<x_2$ 时，$f(x_1)>f(x_2)$

13. 直线 $2x+y-1=0$ 的纵截距是（　　）.
　　A. -2　　　B. 1　　　C. -1　　　D. 2

14. 已知双曲线方程为 $\dfrac{x^2}{5}-\dfrac{y^2}{4}=1$，则双曲线焦点坐标为（　　）.
　　A. $(-3,0)$ 和 $(3,0)$　　　　B. $(0,-3)$ 和 $(0,3)$
　　C. $(-1,0)$ 和 $(1,0)$　　　　D. $(0,-1)$ 和 $(0,1)$

15. 已知 $\log_a b=2$，则 $\log_b a=$（　　）.
　　A. $\dfrac{1}{2}$　　　B. -2　　　C. 2　　　D. $-\dfrac{1}{2}$

16. $\lg 2+\lg 5$ 的值等于（　　）.
　　A. 0　　　B. 1　　　C. 2　　　D. 10

17. 已知点 $P_1(1,-2)$ 与点 $P_2(x,4)$ 关于点 $P(2,1)$ 对称，则 $x=$（　　）.
　　A. 0　　　B. 1　　　C. $\dfrac{3}{2}$　　　D. 3

18. 在等比数列 $\{a_n\}$ 中，已知 $a_1=1$，$a_2=-2$，那么 a_5 等于（　　）.
　　A. -8　　　B. 8　　　C. -16　　　D. 16

19. 已知直线 l 的倾斜角为 $30°$，且经过 $(-\sqrt{3},1)$，则直线 l 的方程是（　　）.
　　A. $\sqrt{3}x-3y=0$　　　　　B. $\sqrt{3}x-y+2=0$
　　C. $\sqrt{3}x-3y+1=0$　　　　D. $\sqrt{3}x+3y-1=0$

20. $\cos\dfrac{\pi}{8}\cdot\sin\dfrac{\pi}{8}$ 的值是（　　）.
　　A. $\dfrac{\sqrt{2}}{4}$　　B. $\dfrac{\sqrt{2}}{2}$　　C. $\dfrac{1}{2}$　　D. $\dfrac{1}{4}$

二、填空题（本题10小题，每小题4分，共40分）

21. 函数 $y=\lg(x+4)$ 的定义域是_____.

22. $\left(\dfrac{2}{5}\right)^{-2}-(\lg 3)^0+\left(\dfrac{8}{27}\right)^{-\frac{2}{3}}=$_____.

23. 已知 $f(x)=\begin{cases} 2x, & x \geqslant 0, \\ \dfrac{1}{x^2}, & x<0, \end{cases}$ 则 $f(-2)$ 的值为 _____.

24. $\sin 40°\cos 10° - \cos 40°\sin 10° = $ _____.

25. $\lg(x+1)>1$ 的解集是 _____.

26. 函数 $y=1-2\cos x$ 的最小值是 _____.

27. 抛物线 $y^2=4x$ 的焦点坐标为 _____.

28. $x^2-5x+6<0$ 的解集是 _____.

29. 已知 2、x、8 三个数成等差数列,则 $x=$ _____.

30. 已知 $f(x)=ax^5+bx^3+cx-2$,其中 $f(2)=8$,则 $f(-2)=$ _____.

三、计算题(本题 5 小题,每小题 7 分,共 35 分)

31. 已知 $f(x)$ 是一次函数,其图像在 y 轴上的截距为 2,且过点 $(2,-1)$,求该函数的解析式.

32. 已知 $\sin\alpha-3\cos\alpha=0$,求 $\dfrac{\sin\alpha+2\cos\alpha}{2\sin\alpha-\cos\alpha}$ 的值.

33. 设全集 $U=\{1,2,3,4\}$,$A=\{x\mid x^2-5x+m=0,x\in U\}$,若 $\complement_U A=\{2,3\}$,求 m 的值.

34. 已知椭圆的焦点在 x 轴上,且椭圆的长轴长是短轴长的 3 倍,并过点 $P(6,0)$,求椭圆的标准方程.

35. 在 4 和 18 中间插入两个数,使插入这两个数后前三个数成等差数列,后三个数成等比数列,求这两个数.

四、证明题(7 分)

36. 证明:函数 $f(x) = x^2 + 2$ 在 $(-\infty, 0)$ 内是减函数.

五、应用题(8 分)

37. 如图,在一面靠墙的空地上用 12 m 的篱笆围成中间隔有一道篱笆的长方形花圃,设花圃的宽为 x m,面积为 S m^2.

    (1) 求 S 与 x 的函数关系式及自变量的取值范围;
    (2) 当 x 取何值时,所围成的花圃面积最大,最大值是多少?

贵州省中职单报高职考试数学真题(七)

一、单项选择题(20小题,每小题3分,共60分)

1. 集合 $A=\{3,4,5,7\}$，$B=\{2,4\}$，则 $A \cup B=($ $)$.
   A. $\{3,5,7\}$ B. $\{2,3,5,7\}$
   C. $\{2,3,4,5,7\}$ D. $\{4\}$

2. 函数 $y=\sqrt{x}$ 的定义域是(   ).
   A. $(-\infty,+\infty)$ B. $[0,+\infty)$
   C. $(-\infty,0)$ D. $(0,+\infty)$

3. 若角 α 的终边过点 $P(-1,3)$，则 $\sin\alpha=($ $)$.
   A. $-\dfrac{1}{2}$ B. $-\dfrac{\sqrt{3}}{2}$
   C. $\dfrac{1}{2}$ D. $\dfrac{\sqrt{3}}{2}$

4. 下列命题中正确的是(   ).
   A. $0\in\{0\}$ B. $\varnothing=\{0\}$
   C. $1\subseteq\{0,1\}$ D. $\varnothing\in\{0\}$

5. 设函数 $f(x)=x^3+1$，则 $f(1)$ 的值为(   ).
   A. 0   B. 3
   C. 1   D. 2

6. 直线 $y=x+1$ 的图像经过(   ).
   A. 第一、二、三象限   B. 第二、三、四象限
   C. 第一、二、四象限   D. 第一、三、四象限

7. 函数 $y=x^2$ 在区间 $(-\infty,+\infty)$ 内是(   ).
   A. 偶函数   B. 增函数
   C. 奇函数   D. 减函数

8. $\cos 420°$ 的值是(   ).
   A. $\dfrac{\sqrt{3}}{2}$ B. $-\dfrac{\sqrt{3}}{2}$
   C. $\dfrac{1}{2}$ D. $-\dfrac{1}{2}$

9. 设全集 $I=\{-4,-3,0,3,4\}$，集合 $A=\{-4,-3,0\}$，则 $\complement_I A=($ $)$.
   A. $\{3,4\}$ B. $\{-4,-3,0\}$
   C. $\{0,3,4\}$ D. $\{-4,-3,0,3,4\}$

10. $\tan\dfrac{9\pi}{4}$ 的值是( ).

   A. $\dfrac{\sqrt{3}}{3}$ B. $\sqrt{3}$

   C. -1 D. 1

11. 圆 $x^2+(y-1)^2=9$ 的圆心和半径分别为( ).

   A. $(0,-1),9$ B. $(0,1),3$

   C. $(0,1),9$ D. $(0,-1),3$

12. 函数 $y=\log_3 x$,则正确的是( ).

   A. $x>0$ 时, $f(x)<1$ B. $x>0$ 时, $f(x)>1$

   C. $x_1<x_2$ 时, $f(x_1)<f(x_2)$ D. $x_1<x_2$ 时, $f(x_1)>f(x_2)$

13. 直线 $x+2y-1=0$ 的横截距是( ).

   A. $-\dfrac{1}{2}$ B. 1

   C. -1 D. $\dfrac{1}{2}$

14. $\sqrt[3]{2}$ 用幂的形式表示为( ).

   A. $2^{\frac{1}{3}}$ B. $2^{\frac{2}{3}}$

   C. 2^3 D. $2^{\frac{3}{2}}$

15. 已知 $\log_a b=\dfrac{1}{2}$,则 $\log_b a=$ ( ).

   A. $\dfrac{1}{2}$ B. -2

   C. 2 D. $-\dfrac{1}{2}$

16. $\log_4 8+\log_4 2$ 的值等于( ).

   A. 0 B. 1

   C. 2 D. 10

17. 已知点 $P_1(1,-2)$ 与点 $P_2(3,4)$ 关于点 $P(2,y)$ 对称,则 $y=$ ( ).

   A. 1 B. 0

   C. $\dfrac{3}{2}$ D. 3

18. 在等差数列 $\{a_n\}$ 中,已知 $a_1=2, a_5=10$,那么 $a_4=$ ( ).

   A. -8 B. 8

   C. -6 D. 6

19. 已知直线 l 的倾斜角为 $45°$,且过点 $(1,2)$,则直线 l 的方程是( ).

   A. $x+y+1=0$ B. $x+y-1=0$

   C. $x-y+1=0$ D. $x-y-1=0$

20. 化简 $\left(\dfrac{1}{\sin x}+\dfrac{1}{\tan x}\right)\cdot(1-\cos x)=$ ( ).

A. $\cos x$ B. $\sin x$
C. $1+\cos x$ D. $1+\sin x$

二、填空题(共 10 小题,每小题 4 分,共 40 分)

21. 函数 $y=\lg(2x-3)$ 的定义域是＿＿＿＿＿＿.

22. $3^{-2}+\left(-\dfrac{5}{3}\right)^0+\left(3\dfrac{8}{3}\right)^{-\frac{2}{3}}=$＿＿＿＿＿＿.

23. 已知 $f(x)=\begin{cases}x^2,&x\geqslant 0\\3x,&x<0\end{cases}$,则 $f(-3)$ 的值为＿＿＿＿＿＿.

24. $\sin 90°-\cos 180°+\sin 270°-\cos 0=$＿＿＿＿＿＿.

25. $2^{x+2}>1$ 的解集是＿＿＿＿＿＿.

26. 函数 $y=2\sin x-1$ 的最小值是＿＿＿＿＿＿.

27. $\log_5 10^2+\log_5 0.25=$＿＿＿＿＿＿.

28. $x^2-3x+2>0$ 的解集是＿＿＿＿＿＿.

29. 已知 2、x、8 三个数成等比数列,则 $x=$＿＿＿＿＿＿.

30. 已知 $f(x)=ax^3+bx-1$,其中 $f(3)=5$,则 $f(-3)=$＿＿＿＿＿＿.

三、计算题(共 5 小题,每小题 7 分,共 35 分)

31. 已知 $f(x)$ 是一次函数,且 $f(2)=1$,$f(3)=4$,试求该函数的解析式.

32. 已知 $\tan\alpha=-\dfrac{4}{3}$,且 α 是第四象限角,求 α 的正弦值和余弦值.

33. 已知集合 $A=\{a^2,a+2,-5\}$,$B=\{10,3a-5,a^2+3\}$,且 $A\cap B=\{-5\}$,求实数 a 的值.

34. 求过点 $A(2,-3)$ 且与直线 $3x-6y-2=0$ 垂直的直线方程.

35. 在 -1 和 7 之间插入三个数,使它们与这两个数成等差数列,求这三个数.

四、证明题(7分)

36. 证明:函数 $f(x)=3x+2$ 在 $(-\infty,+\infty)$ 内是增函数.

五、应用题(8分)

37. 某地的出租车按如下方式收费:起步价 8 元可行 3 km(包含 3 km);3 km 到 7 km(包含 7 km)按 1.6 元/km 计价;7 km 以后按 2.4 元/km 计价.试求打车里程与车费之间的函数关系.

贵州省中职单报高职考试数学真题(八)

一、单项选择题(本题20小题,每小题3分,共60分)

1. 设集合 $A=\{1,3,5\}$,$B=\{x|x>1\}$,则 $A\cap B$ 等于( ).
   A. $\{1,3,5\}$ B. $\{1,3\}$
   C. $\{3,5\}$ D. $\{1,5\}$

2. 函数 $f(x)=\dfrac{1}{1+x^{-1}}$ 的定义域是( ).
   A. $\{x|x\neq 0\}$ B. $\{x|x\neq -1\}$
   C. $\{x|x\neq 0$ 且 $x\neq 1\}$ D. $\{x|x\neq 0$ 或 $x\neq -1\}$

3. 若角 α 的终边过点 $P(-4,3)$,则 $\sin\left(\alpha-\dfrac{\pi}{4}\right)=($).
   A. $-\dfrac{\sqrt{2}}{10}$ B. $\dfrac{\sqrt{2}}{10}$
   C. $-\dfrac{7}{10}\sqrt{2}$ D. $\dfrac{7}{10}\sqrt{2}$

4. 若 $M=\{x|0\leqslant x<1\}$,则下列关系中正确的是( ).
   A. $0\subseteq M$ B. $\{0\}\in M$
   C. $M=\varnothing$ D. $\{0\}\subseteq M$

5. 设函数 $f(x)=\begin{cases}x^3,x<8,\\ \log_2 x,x\geqslant 8,\end{cases}$ 则 $f[f(2)]$ 的值为( ).
   A. 8 B. 4
   C. 3 D. 1

6. 函数 $y=-\dfrac{2}{3}x+5$ 的图像在( ).
   A. 第一、二、三象限 B. 第一、二、四象限
   C. 第二、三、四象限 D. 第一、三、四象限

7. 函数 $y=\left(\dfrac{1}{2}\right)^{|x|}$,$x\in\mathbf{R}$ 是( ).
   A. 奇函数,且在 $(0,+\infty)$ 内是增函数 B. 奇函数,且在 $(0,+\infty)$ 内是减函数
   C. 偶函数,且在 $(0,+\infty)$ 内是增函数 D. 偶函数,且在 $(0,+\infty)$ 内是减函数

8. $2\sin 22.5°\cos 22.5°$ 的值是( ).
   A. $\dfrac{1}{2}$ B. $\dfrac{\sqrt{3}}{2}$
   C. $\dfrac{\sqrt{2}}{2}$ D. $\dfrac{\sqrt{2}}{4}$

9. 设全集 $U=\{x\,|\,|x|\leqslant 2, x\in \mathbf{N}\}$，集合 $A=\{1,2\}$，则 $\complement_U A=$ ( ).
   A. $\{0\}$
   B. $\{0,-1,-2\}$
   C. $\varnothing$
   D. $\{-2,-1,0,1,2\}$

10. $\tan\left(-\dfrac{23\pi}{6}\right)$ 的值是 ( ).
    A. $\sqrt{3}$
    B. $-\sqrt{3}$
    C. $\dfrac{\sqrt{3}}{3}$
    D. $-\dfrac{\sqrt{3}}{3}$

11. 圆 $x^2+y^2-ax+by-6=0$ 的圆心在点 $(3,4)$，则圆的半径为 ( ).
    A. $\sqrt{31}$
    B. $\sqrt{6}$
    C. 5
    D. $\dfrac{7}{2}$

12. 设 $f(x)=\left(\dfrac{1}{2}\right)^x$，则正确的是 ( ).
    A. $x>0$ 时，$f(x)>1$
    B. $x<0$ 时，$f(x)<1$
    C. $x_1<x_2$ 时，$f(x_1)<f(x_2)$
    D. $x_1<x_2$ 时，$f(x_1)>f(x_2)$

13. 直线 $l: 3x-4y-6=0$ 在 y 轴上的截距是 ( ).
    A. $\dfrac{3}{2}$
    B. $\dfrac{2}{3}$
    C. $-\dfrac{3}{2}$
    D. $-\dfrac{2}{3}$

14. 不等式 $|3-2x|\leqslant 5$ 的解集是 ( ).
    A. $(-1,4)$
    B. $(-\infty,-1)\cup(4,+\infty)$
    C. $[-1,4]$
    D. $(-\infty,-1]\cup[4,+\infty)$

15. 已知 $\log_2 3=a$，$\log_2 5=b$，则 $\log_2 \dfrac{9}{5}=$ ( ).
    A. a^2-b
    B. $2a-b$
    C. $\dfrac{a^2}{b}$
    D. $\dfrac{2a}{b}$

16. $3^{2+\log_3 5}$ 等于 ( ).
    A. 45
    B. 14
    C. 15
    D. 25

17. 直线 $l: x+2y+2=0$ 与圆 $C: x^2+y^2+2x-4y-4=16$ 的位置关系是 ( ).
    A. 相交不过圆心
    B. 相切
    C. 相离
    D. 相交过圆心

18. 等差数列 $\{a_n\}$ 中，$a_1=1$，$d=3$，$a_n=298$，则项数 n 是 ( ).
    A. 101
    B. 100
    C. 99
    D. 98

19. 过点 $P(2,1)$，且倾斜角的正弦值为 $\dfrac{3}{5}$ 的直线方程是 ( ).
    A. $3x-4y-2=0$
    B. $4x-3y-5=0$
    C. $3x-4y-2=0$ 或 $3x+4y-10=0$
    D. $4x-3y-5=0$ 或 $4x+3y-11=0$

20. 已知 $\sin\alpha+\cos\alpha=\dfrac{1}{2}$，则 $\sin 2\alpha$ 的值是 ( ).
    A. $\dfrac{3}{4}$
    B. $-\dfrac{3}{4}$
    C. $\pm\dfrac{3}{4}$
    D. 不确定

二、**填空题**（本题10小题，每小题4分，共40分）

21. 函数 $f(x)=\dfrac{1}{2-|x|}$ 的定义域是_____.

22. $\left(\dfrac{1}{32}\right)^{\frac{1}{5}}+9^{\log_3\sqrt{2}}-\sin\dfrac{7\pi}{6}=$ _____.

23. 已知函数 $f(x)=x^4+kx^3+1$，$f(-1)=5$，则 $f(1)=$ _____.

24. $\sin 108°\cos 42°+\cos 108°\sin 42°=$ _____.

25. 不等式 $\left(\dfrac{1}{3}\right)^{2x-3}>9$ 的解集是 _____.

26. 函数 $f(x)=2\sin\dfrac{x}{2}$ 的最小正周期是 _____.

27. 过点 $M(3,4)$ 且与直线 $3x-2y-7=0$ 垂直的直线方程是 _____.

28. 若 $\log_a 0.3>0$，则 a 的取值范围是 _____.

29. $\log_3 18-\log_3 2+\lg\dfrac{1}{4}-\lg 25=$ _____.

30. 化简 $\dfrac{\cos(-\alpha+\pi)\sin(3\pi+\alpha)}{\tan(-2\pi+\alpha)\sin(\alpha-\pi)}=$ _____.

三、计算题（本题 5 小题，每小题 7 分，共 35 分）

31. 已知 $f(x)$ 是一次函数，若 $f(1)=2$，$f(2)=5$，求这个一次函数的解析式.

32. 已知 α 是第二象限的角，并且终边在直线 $y=-x$ 上，求 α 的正弦值和正切值.

33. 设集合 $A=\{x|x^2-2x-8<0\}$，集合 $B=\{x|x<a\}$，若 $A\cap B=\varnothing$，求 a 的取值范围.

34. 求以 $P(2,-3)$ 为圆心,且与直线 $x+y-1=0$ 相切的圆的标准方程.

35. 在 160 和 5 之间插入四个数,使这六个数成等比数列,求这四个数.

四、证明题(7分)

36. 用定义法证明函数 $f(x)=\dfrac{x}{1+x}$ 在 $(0,+\infty)$ 内是增函数.

五、应用题(8分)

37. 为了贯彻习近平总书记精准扶贫战略思想,2017 年 3 月,贵州省全面打响脱贫攻坚"春季攻势",省委省政府出台了一系列"三农"优惠政策,使农民收入大幅度增加.某农户生产经销一种农副产品,已知这种产品的成本价为 20 元/kg.经过市场调查发现,该产品每天的销售量 w(kg)与销售价 x(元/kg)有如下关系:$w=-2x+80$.设这种产品每天的销售利润为 y(元).

(1) 求 y 与 x 之间的函数关系式;

(2) 当销售价定为多少元时,每天的销售利润最大?最大利润是多少?

座位号	姓名

贵州省中职单报高职考试模拟试卷数学(一)

注意事项:
    1. 本试卷共 4 页,总分 150 分,请用钢笔或圆珠笔直接在试卷上作答;
    2. 答卷前将密封线内的项目填写清楚.

题号	一	二	三	四	五	总分	总分人	复查人
得分								

得分	评卷人

一、单项选择题(本题 20 小题,每小题 3 分,共 60 分)
从 A、B、C、D 四个选项中选出正确的选项填入下格.

题号	1	2	3	4	5	6	7	8	9	10	11	12	13	14	15	16	17	18	19	20
选项																				

1. 若 $A=\{x\mid -1 \leqslant x \leqslant 5\}$,$B=\{x\mid x \leqslant 6\}$,则 $A \cap B=($).
    A. $\{x\mid x \leqslant 5\}$ B. $\{x\mid x \leqslant 6\}$
    C. $\{x\mid -1 \leqslant x \leqslant 5\}$ D. $\{x\mid -1 \leqslant x \leqslant 6\}$

2. 函数 $y=\log_3(x+2)$ 的定义域是(   ).
    A. $(2,+\infty)$ B. $(-2,+\infty)$ C. $(-\infty,-2)$ D. $(-\infty,2)$

3. 已知角 α 的终边通过点 $P(-4,3)$,则 $\sin \alpha=($).
    A. $\dfrac{4}{5}$ B. $-\dfrac{4}{5}$ C. $-\dfrac{3}{5}$ D. $\dfrac{3}{5}$

4. 设集合 $A=\{x\mid x<1\}$,$a=-\sqrt{2}$,则(   ).
    A. $a \subseteq A$ B. $a \notin A$ C. $\{a\} \in A$ D. $\{a\} \subset A$

5. 若 $f(x)=2x^2+1$,且 $x \in \{-1,0,1\}$,则 $f(x)$ 的值域是(   ).
    A. $\{-1,0,1\}$ B. $(1,3)$ C. $[1,3]$ D. $\{1,3\}$

6. 函数 $y=-x+1$ 的图像过(   ).
    A. 第一、二、三象限   B. 第一、二、四象限
    C. 第二、三、四象限   D. 第一、三、四象限

7. 函数 $y=x|x|$ 在区间 $(-\infty,0)$ 内是（　　）.
   A. 奇函数　　B. 偶函数　　C. 增函数　　D. 减函数

8. $\sin 960°$ 的值是（　　）.
   A. $-\dfrac{1}{2}$　　B. $\dfrac{1}{2}$　　C. $\dfrac{\sqrt{3}}{2}$　　D. $-\dfrac{\sqrt{3}}{2}$

9. 已知全集 $U=\mathbf{R}$，$A=\{x\mid -2\leqslant x<5\}$，则 $\complement_U A=$（　　）.
   A. $\{x\mid -2<x\leqslant 5\}$　　B. $\{x\mid x<-2$ 或 $x\geqslant 5\}$
   C. $\{x\mid x<-2$ 且 $x\leqslant 5\}$　　D. $\{x\mid x\leqslant -2$ 或 $x>5\}$

10. 已知 $\sin\alpha=\dfrac{1}{2}$，且 $-\pi\leqslant\alpha<\pi$，则 α 为（　　）.
    A. $\dfrac{\pi}{6}$　　B. $\dfrac{\pi}{6}$ 或 $\dfrac{5\pi}{6}$　　C. $\dfrac{5\pi}{6}$　　D. $\pm\dfrac{\pi}{6}$

11. 圆 $(x+2)^2+(y-2)^2=9$ 的圆心和半径分别为（　　）.
    A. $(2,-2),3$　　B. $(2,-2),\sqrt{3}$
    C. $(-2,2),3$　　D. $(-2,2),\sqrt{3}$

12. 函数 $y=\log_{0.1}x$，则正确的是（　　）.
    A. $x_1<x_2$ 时，$f(x_1)<f(x_2)$　　B. $x_1<x_2$ 时，$f(x_1)>f(x_2)$
    C. $x>0$ 时，$f(x)<0$　　D. $x>0$ 时，$f(x)>0$

13. 直线 $l:\sqrt{3}x-y+6=0$ 的倾斜角是（　　）.
    A. $\dfrac{\pi}{3}$　　B. $\dfrac{4\pi}{3}$　　C. $\dfrac{\pi}{6}$　　D. $\dfrac{5\pi}{6}$

14. 不等式 $-|x-5|>-15$ 的解集是（　　）.
    A. $\{x\mid x<20\}$　　B. $\{x\mid -10<x<20\}$
    C. $\{x\mid x>-10\}$　　D. $\{x\mid x<-10$ 或 $x>20\}$

15. $64^{y-1}=4^x$，$8^{x-4}=64^y$，则 $x-y=$（　　）.
    A. 11　　B. 18　　C. 7　　D. 25

16. $2^{2+\log_2 3}=$（　　）.
    A. 5　　B. 12　　C. 24　　D. 6

17. 直线 $l:x+y=\sqrt{2}$ 与圆 $C:x^2+y^2=1$ 的位置关系是（　　）.
    A. 相切　　B. 相离
    C. 相交且过圆心　　D. 相交但不过圆心

18. 等差数列 $\{a_n\}$ 中，已知 $a_5=8$，$a_9=16$，则 $a_{13}=$（　　）.
    A. 18　　B. 22　　C. 24　　D. 26

19. 已知直线 l 的倾斜角为 $135°$，且过点 $(1,3)$，则直线 l 的方程是（　　）.
    A. $x+y-4=0$　　B. $x+y-2=0$
    C. $x-y-4=0$　　D. $x-y+2=0$

20. 已知 $\sin\dfrac{x}{2}-\cos\dfrac{x}{2}=\dfrac{1}{4}$，则 $\sin x$ 的值是（　　）.
    A. $\dfrac{\sqrt{15}}{4}$　　B. $\pm\dfrac{\sqrt{15}}{4}$　　C. $\dfrac{15}{16}$　　D. $\pm\dfrac{15}{16}$

二、填空题(本题 10 小题,每小题 4 分,共 40 分)

21. 函数 $y = \dfrac{1}{\log_3(3x-2)}$ 的定义域是_____.

22. 计算 $(64)^{\frac{2}{3}} \times 4^{-\frac{3}{2}} - 2(\log_{12} 2 + \log_{12} 6) =$ _____.

23. 已知函数 $f(x) = \begin{cases} \sqrt{x-1}, & x \geq 1 \\ 1, & x < 1 \end{cases}$,则 $f[f(2)] =$ _____.

24. $\sin 10° \cos 35° + \sin 80° \cos 55° =$ _____.

25. 不等式 $\left(\dfrac{1}{3}\right)^{x^2-x} < \dfrac{1}{9}$ 的解集是_____.

26. 函数 $y = 3 - 2\cos 2x$ 的最大值是_____.

27. 过点 $M(1, -2)$ 且与直线 $2x - y + 1 = 0$ 垂直的直线方程是_____.

28. 不等式 $\log_{0.5}(x-1) \geq 1$ 的解集是_____.

29. $\log_{(2-\sqrt{3})}(\sqrt{3} + 2) =$ _____.

30. 计算:$\sin \dfrac{4\pi}{3} \cdot \cos \dfrac{11\pi}{6} \cdot \tan \dfrac{3\pi}{4} =$ _____.

三、计算题(本题 5 小题,每小题 7 分,共 35 分)

31. 已知 $y = f(x)$ 是二次函数,且 $f\left(-\dfrac{1}{2}\right) = f(2) = 0$,$f(-1) = 3$,求这个二次函数的解析式.

32. 已知 $2\cos \alpha = \sin \alpha$,且 α 是第三象限的角,求 $\sin \alpha$、$\cos \alpha$、$\tan \alpha$ 的值.

33. 已知集合 $A = \{x \mid x^2 - 2x - 3 = 0\}$,$B = \{x \mid ax - 2 = 0\}$,且 $A \cup B = A$,求实数 a 的值.

34. 有三个数成等差数列,它们的和为 45,如果把这三个数依次加上 2、3、7,其成等比数列,求这三个数.

35. 求过点 $(3,4)$ 且与圆 $(x-1)^2+(y+1)^2=25$ 相切的直线方程.

四、证明题(7分)

36. 已知函数 $f(x)$ 在 **R** 内为奇函数,函数 $g(x)$ 在 **R** 内为偶函数.设 $F(x)=f(x)\cdot g(x)$,求证:函数 $F(x)$ 在 **R** 内为奇函数.

五、应用题(8分)

37. 某市电力公司为了鼓励居民节约用电,采用分段计费的方法计算电费;每月用电不超过 100 度时,按每度 0.5 元计算;每月用电超过 100 度时,其中的 100 度仍按原标准收费,超过部分按每度 0.8 元计费.

(1) 设月用电 x 度时,应交电费 y 元,写出 y 关于 x 的函数关系式;

(2) 小王家 12 月交纳电费 130 元,则小王家 12 月共用电多少度?

座位号	姓名

贵州省中职单报高职考试模拟试卷数学(二)

注意事项:

1. 本试卷共 4 页,总分 150 分,请用钢笔或圆珠笔直接在试卷上作答;
2. 答卷前将密封线内的项目填写清楚.

题号	一	二	三	四	五	总分	总分人	复查人
得分								

得分	评卷人

一、单项选择题(本题 20 小题,每小题 3 分,共 60 分)
从 A、B、C、D 四个选项中选出正确的选项填入下格.

题号	1	2	3	4	5	6	7	8	9	10	11	12	13	14	15	16	17	18	19	20
选项																				

1. 设集合 $A=\{a,b,c,d\}$,$B=\{c,d,e,f\}$,则 $A\cap B=$(   ).
   A. $\{a,b,c,d,e,f\}$ B. $\{c,d\}$
   C. $\{a,b,e,f\}$ D. $\varnothing$

2. 函数 $y=\log_3(x+2)$ 的定义域是(   ).
   A. $(2,+\infty)$ B. $(-2,+\infty)$ C. $(-\infty,-2)$ D. $(-\infty,2)$

3. 设集合 $A=\{x|x<1\}$,$a=-\sqrt{2}$,则(   ).
   A. $a\subseteq A$ B. $a\notin A$ C. $\{a\}\in A$ D. $\{a\}\subseteq A$

4. 已知 $f(x)$ 是 **R** 上的偶函数,若 $f(-2)=5$,则 $f(2)=$(   ).
   A. 5   B. -5 C. 3   D. -3

5. 函数 $y=-\dfrac{1}{2}x+3$ 的图像在(   ).
   A. 第一、二、三象限   B. 第一、二、四象限
   C. 第二、三、四象限   D. 第一、三、四象限

6. 函数 $f(x)=x^2$ 在区间 $(0,+\infty)$ 内是(   ).
   A. 奇函数   B. 偶函数   C. 增函数   D. 减函数

7. "$|a|=1$"是"$a=\pm 1$"的( ).
   A. 充分不必要条件　　　　　　　B. 必要不充分条件
   C. 充要条件　　　　　　　　　　D. 既不充分也不必要条件

8. 设全集为 I,集合 $A=\{3,5\}$,$\complement_I A=\{1,7,9\}$,则 $I=$( ).
   A. $\{1,7\}$　　B. $\{1,9\}$　　C. $\{1,3,7\}$　　D. $\{1,3,5,7,9\}$

9. 圆 $(x+2)^2+(y-2)^2=9$ 的圆心和半径分别为( ).
   A. $(2,-2),3$　　B. $(2,-2),\sqrt{3}$　　C. $(-2,2),3$　　D. $(-2,2),\sqrt{3}$

10. 函数 $y=\lg x$,则正确的是( ).
    A. $x_1<x_2$ 时,$f(x_1)<f(x_2)$　　B. $x_1<x_2$ 时,$f(x_1)>f(x_2)$
    C. $x>0$ 时,$f(x)<0$　　　　　　 D. $x>0$ 时,$f(x)>0$

11. 直线 $l:\sqrt{3}x-y+6=0$ 的倾斜角是( ).
    A. $\dfrac{\pi}{3}$　　B. $\dfrac{4\pi}{3}$　　C. $\dfrac{\pi}{6}$　　D. $\dfrac{5\pi}{6}$

12. 不等式 $|x-2|>1$ 的解集是( ).
    A. $\{x\mid 0<x<3\}$　　　　　　B. $\{x\mid x>3$ 或 $x<-3\}$
    C. $\{x\mid -3<x<3\}$　　　　　 D. $\{x\mid x<1$ 或 $x>3\}$

13. 直线 $l:3x+4y-25=0$ 与圆 $C:x^2+y^2=16$ 的位置关系是( ).
    A. 相交　　B. 相切　　C. 相离　　D. 都不是

14. 已知 $2^{-a}=3$,则 $\log_2\dfrac{1}{3}=$( ).
    A. a　　B. $2a$　　C. $-3a$　　D. $-a$

15. $3^{2+\log_3 5}$ 等于( ).
    A. 45　　B. 15　　C. 25　　D. 5

16. 已知直线 l 的倾斜角为 $135°$,且过点 $(1,3)$,则直线 l 的方程是( ).
    A. $x+y-4=0$　　　　B. $-x+y-2=0$
    C. $x+y+4=0$　　　　D. $x-y-2=0$

17. 下列函数中,既是奇函数又是增函数的是( ).
    A. $y=-\dfrac{1}{3}x$　　　　B. $y=\dfrac{1}{x}$
    C. $y=2x$　　　　　　　　D. $y=3x^2$

18. 已知一元二次函数 $y=3x^2+2x+m$ 的最小值是 1,则 m 的值为( ).
    A. 1　　B. $\dfrac{4}{3}$　　C. -1　　D. $-\dfrac{4}{3}$

19. 下列命题中正确的是( ).
    A. 若 $a>b$,则 $ac>bc$　　　　B. 若 $a>b$,则 $ac^2>bc^2$
    C. 若 $a>b$,则 $\dfrac{1}{a}>\dfrac{1}{b}$　　　　D. 若 $a>b$,则 $a+c>b+c$

20. 若函数若 $f(x)$ 在 $(1,+\infty)$ 内是减函数,则有( ).
    A. $f(2)<f(3)$　　　　B. $f(2)>f(3)$
    C. $f(2)=f(3)$　　　　D. 无法判断

二、填空题(本题10小题,每小题4分,共40分)

21. 函数 $y = \dfrac{1}{\log_3(3x-2)}$ 的定义域是_____.

22. 若 $10^x = 3, 10^y = 4$,则 $10^{x+2y} =$ _____.

23. 已知函数 $f(x) = x^2 + 2x$,则 $f(3)$ 与 $f\left(\dfrac{1}{3}\right)$ 的积为_____.

24. 函数 $f(x) = -x^2 + 4x - 6$ 的最大值是_____.

25. 若指数函数 $f(x) = a^x$ 满足 $f(2) = 4$,则 $a =$ _____.

26. 过点 $M(1, -2)$ 且与直线 $2x - y + 1 = 0$ 垂直的直线方程是_____.

27. 求值:$(\lg 2)^2 + (\lg 5)^2 + \lg 4 \cdot \lg 5 =$ _____.

28. 如果 $y = x^2 + 2(a-1)x + 2$ 在区间 $(-\infty, 0]$ 上是减函数,则 a 的取值范围是_____.

29. 若不等式 $x^2 - ax - b < 0$ 的解集是 $(2, 3)$,则 $a + b$ 的值为_____.

30. 函数 $y = \log_2 x$ 与 $y = -\log_2 x$ 的图像关于_____对称.

三、计算题(本题5小题,每小题7分,共35分)

31. 已知 $y = f(x)$ 是二次函数,且 $f(0) = 3, f(2) = -1, f(1) = 4$,求这个二次函数的解析式.

32. 已知集合 $A = \{(x,y) \mid x - 2y = 1\}, B = \{(x,y) \mid x + 3y = 1\}$,求 $A \cap B$.

33. 求以 $O(1, 3)$ 为圆心,且与直线 $3x - 4y - 7 = 0$ 相切的圆的标准方程.

34. 设 $\log_a 2$、$\log_b 2$ 是方程 $x^2-3x+1=0$ 的两根,求 ab 的值.

35. 已知圆 C 经过 $A(0,0)$、$B(1,1)$、$C(4,2)$ 三点,求圆 C 的方程.

四、证明题(7分)

36. 用定义法证明函数 $f(x)=x^2+1$ 在 $(0,+\infty)$ 内是增函数.

五、应用题(8分)

37. 某市自来水公司为了鼓励居民节约用水,采用分段计费的方法计算每户家庭的水费:月用水量不超过 20 m³ 时,按 2 元/m³ 计算;月用水量超过 20 m³ 时,其中的 20 m³ 仍按原标准收费,超过部分按 2.6 元/m³ 计算.

(1) 设月用水量为 x m³ 时,应交水费 y 元,写出 y 关于 x 的函数关系式;

(2) 小明家第二季度缴纳的水费情况如下:

月份	4月份	5月份	6月份
交费金额	30元	34元	42.6元

求:小明家这个季度共用水多少立方米?

贵州省中职单报高职考试模拟试卷数学(三)

注意事项：

1. 本试卷共 4 页，总分 150 分，请用钢笔或圆珠笔直接在试卷上作答；
2. 答卷前将密封线内的项目填写清楚．

题号	一	二	三	总分	总分人	复查人
得分						

得分	评卷人

一、选择题（20 小题，每小题 3 分，共 60 分）

从 A、B、C、D 四个选项中选出正确的选项填入下格．

题号	1	2	3	4	5	6	7	8	9	10	11	12	13	14	15	16	17	18	19	20
选项																				

1. 设全集 I 为实数集，$A=\{x\mid -4<x\leqslant 4\}$，$B=\{x\mid x\leqslant -4\}$，$C=\{x\mid x>4\}$，则 A 是 B 和 C 的（ ）．

    A. 交集　　　　B. 并集　　　　C. 交集的补集　　　　D. 并集的补集

2. 若 a、b 是任意实数，且 $a>b$，则下列各式中成立的是（ ）．

    A. $a^2>b^2$　　B. $\dfrac{b}{a}<1$　　C. $\lg(a-b)>0$　　D. $\left(\dfrac{1}{3}\right)^a<\left(\dfrac{1}{3}\right)^b$

3. 函数 $y=\sqrt{3^x-27}$ 的定义域是（ ）．

    A. $\{x\mid x>3\}$　　B. $\{x\mid x\geqslant 3\}$　　C. $\{x\mid x\leqslant 3\}$　　D. $\{x\mid x<3\}$

4. 如果方程 $\dfrac{x^2}{3+k}+\dfrac{y^2}{2+k}=1$ 表示椭圆，那么实数 k 的取值范围是（ ）．

    A. $k>-3$　　B. $-3<k<-2$　　C. $k>-2$　　D. $k<-3$

5. 在等差数列 $\{a_n\}$ 中，若 $a_2+a_3+a_4+a_5=48$，则 a_1+a_6 等于（ ）．

    A. 20　　　　B. 23　　　　C. 24　　　　D. 2

6. 若二次函数 $y=(m-1)x^2+mx+2$ 是偶函数,则此函数的单调递减区间为( ).
   A. $[0,+\infty)$ B. $(-\infty,0]$ C. $[1,+\infty)$ D. $(-\infty,+\infty)$

7. 命题: $a>b, c<0$ 是命题: $ac<bc$ 的( )条件.
   A. 充分而不必要
   B. 必要而不充分
   C. 充要
   D. 既不充分也不必要

8. 若 $\lg x=b+\lg a$,则 x 等于( ).
   A. $b \times 10^a$ B. $a+10^b$ C. $b+10^a$ D. $a \times 10^b$

9. $\cos 180°+2\sin 0-\sin \frac{3}{2}\pi=($).
   A. 0   B. -1 C. 1   D. 2

10. 已知 $\sin\alpha+\cos\alpha=\sqrt{2}$,则 $\tan\alpha+\cot\alpha$ 等于( ).
    A. 4   B. 3   C. 2   D. 1

11. 设全集 $I=\{1,2,3,4,5\}$,$A=\{1,4\}$,则 A 的补集是( ).
    A. $\{1,4\}$ B. $\{2,3,5\}$ C. $\{1,2,3,4,5\}$ D. 空集

12. 不等式 $|x-1|<2$ 的解集是( ).
    A. $\{x|x<3\}$
    B. $\{x|-2<x<2\}$
    C. $\{x|-1<x<3\}$
    D. $\{x|x>3$ 或 $x<-1\}$

13. 设 $a、b、c \in \mathbf{R}$,则 $ac^2>bc^2$ 是 $a>b$ 的( )条件.
    A. 充分而不必要
    B. 必要而不充分
    C. 充要
    D. 既不充分也不必要

14. 抛物线的顶点在坐标原点,焦点是圆 $x^2+y^2-4x=0$ 的圆心,则抛物线方程是( ).
    A. $y^2=8x$ B. $y^2=-8x$ C. $x^2=8y$ D. $x^2=-8y$

15. 若 $\sin x-\cos x=\frac{1}{3}$,则 $\sin 2x$ 的值是( ).
    A. $\frac{8}{9}$ B. $\pm\frac{8}{9}$ C. $\frac{2}{3}$ D. $\pm\frac{2}{3}$

16. 直线 $3x-4y+5=0$ 与圆 $(x+1)^2+y^2=1$ 的位置关系是( ).
    A. 相切
    B. 相交
    C. 相离
    D. 相交且直线过圆心

17. 在 $(-\infty,0)$ 内单调递减的函数是( ).
    A. $y=\log_{\frac{1}{2}}(-x)$
    B. $y=2^{-x}$
    C. $y=x^2$
    D. $y=-x+3$

18. 设直线 l_1 过两点 $A(3,0)、B(0,-4)$,直线 $l_2:2x-y-1=0$,则 l_1 与 l_2( ).
    A. 垂直
    B. 相交但不垂直
    C. 重合
    D. 平行但不垂直

19. 已知 $\cos\alpha=-\frac{\sqrt{5}}{5}$,且 $\sin\alpha<0$,则 $\tan\alpha$ 为( ).
    A. 2   B. -2 C. $\frac{1}{2}$ D. $-\frac{1}{2}$

20. 经过点 $P(1,-2)$，且与直线 $x-2y+1=0$ 平行的直线方程是( ).

　　A. $x+2y+5=0$　　　　　　B. $x+2y-5=0$

　　C. $x-2y+5=0$　　　　　　D. $x-2y-5=0$

得分	评卷人

二、填空题(共 10 小题,每小题 4 分,共 40 分)

1. 已知 $f(x)=3x+1, g(x)=\sqrt{2x-3}$，则 $f[g(2)]=$ ＿＿＿＿＿＿.

2. 函数 $y=\sqrt{3}\sin 2x+\cos 2x$ 的最大值为 ＿＿＿＿＿＿，周期为 ＿＿＿＿＿＿.

3. 若 $\tan\alpha=\dfrac{4}{3}, \tan\beta=\dfrac{1}{7}$，则 $\tan(\alpha-\beta)=$ ＿＿＿＿＿＿.

4. 直线 $x-2y+5=0$ 与圆 $x^2+y^2-4x-2y=0$ 的位置关系是 ＿＿＿＿＿＿.

5. 已知双曲线 $8kx^2-ky^2=8$ 的一个焦点坐标为 $(0,3)$，则 $k=$ ＿＿＿＿＿＿.

6. 设集合 $A=\{2,3,5,7\}, B=\{3,4,5,8\}$，则 $A\cap B=$ ＿＿＿＿＿＿.

7. 函数 $y=\sin\dfrac{x}{2}-\sqrt{3}\cos\dfrac{x}{2}$ 的最小正周期是 ＿＿＿＿＿＿，值域是 ＿＿＿＿＿＿.

8. $\lg^2 x-3\lg x-1^2=0(x>0)$，则 $x=$ ＿＿＿＿＿＿.

9. 直线 $\sqrt{3}x+y-3=0$ 的倾斜角是 ＿＿＿＿＿＿.

10. 过点 $(2,-1)$ 且垂直于直线 $2x+y-3=0$ 的直线方程为 ＿＿＿＿＿＿.

得分	评卷人

三、解答题(本题 5 小题,每小题 10 分,共 50 分)

1. 已知 $\cos\alpha=-\dfrac{4}{5}$，且 $\dfrac{\pi}{2}<\alpha<\pi$，求 $\cos\left(\dfrac{\pi}{6}-\alpha\right)$ 的值.

2. 用长 6 m 的铝材做一个日字形的窗框(如图),试问窗框的高和宽各为多少米时,窗户的透光面积最大? 最大面积是多少?

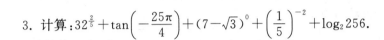

3. 计算: $32^{\frac{2}{5}} + \tan\left(-\frac{25\pi}{4}\right) + (7-\sqrt{3})^0 + \left(\frac{1}{5}\right)^{-2} + \log_2 256$.

4. 在 -1 和 7 之间插入三个数,使它们与这两个数成等差数列,求这三个数.

5. 双曲线 $\frac{x^2}{a^2} - \frac{y^2}{b^2} = 1$ 过点 $(2,3)$,其渐近线与 x 轴的夹角为 $60°$,求此双曲线的方程.

座位号	姓名

贵州省中职单报高职考试模拟试卷数学(四)

注意事项：

1. 本试卷共 4 页,总分 150 分,请用钢笔或圆珠笔直接在试卷上作答；
2. 答卷前将密封线内的项目填写清楚.

题号	一	二	三	四	五	总分	总分人	复查人
得分								

得分	评卷人

一、选择题(本题 20 小题,每小题 3 分,共 60 分)

从 A、B、C、D 四个选项中选出正确的选项填入下格.

题号	1	2	3	4	5	6	7	8	9	10	11	12	13	14	15	16	17	18	19	20
选项																				

1. 集合 $\{1,3,5,7\}$ 用描述法表示应是( ).

   A. $\{x \mid x \text{ 是不大于 7 的非负奇数}\}$　　B. $\{x \mid 1 \leqslant x \leqslant 7\}$

   C. $\{x \mid 1 \leqslant x \leqslant 7, x \in \mathbf{Z}\}$　　D. $\{x \mid x \leqslant 7, x \in \mathbf{Z}\}$

2. 下列函数中为减函数的是( ).

   A. $y=2x+1$　　B. $y=x^2$　　C. $y=\sqrt[3]{x}$　　D. $y=\left(\dfrac{1}{2}\right)^x$

3. $\lg 2 + \lg 5 = ($ 　　).

   A. 1　　B. 2　　C. 3　　D. 10

4. 函数 $y=\left(\dfrac{1}{2}\right)^x (x\in\mathbf{R})$ 的反函数为( ).

   A. $y=-\log_2 x (x\in\mathbf{R})$　　B. $y=-\log_2 x (x>0)$

   C. $y=\log_{\frac{1}{2}} x (x<0)$　　D. $y=\log_{\frac{1}{2}} x (x\neq 0)$

5. 若 $a=\sqrt[3]{(-8)^3}$，$b=\sqrt{(-10)^2}$，则 $a+b$ 的值为( ).

   A. -18　　B. 18　　C. -2　　D. 2

6. 已知数列 a、$a(1-a)$、$a(1-a)^2$、$\cdots$ 是等比数列,则实数 a 的取值范围是(　　).

A. $a \neq 1$ B. $a \neq 0$ C. $a \neq 0$ 或 $a \neq 1$ D. $a \neq 0$ 且 $a \neq 1$

7. 过点 $(-2,3)$，且与 y 轴平行的直线方程是（   ）.
   A. $x = -2$ B. $y = -2$ C. $x = 3$ D. $y = 3$

8. $\sin 600°$ 的值为（   ）.
   A. $\dfrac{1}{2}$ B. $-\dfrac{1}{2}$ C. $\dfrac{\sqrt{3}}{2}$ D. $-\dfrac{\sqrt{3}}{2}$

9. $f(x) = -\left|\sqrt[3]{x}\right|$ 是（   ）.
   A. 奇函数   B. 偶函数
   C. 非奇非偶函数   D. 既是奇函数又是偶函数

10. $2\log_5 125 + \log_2 8 - 8\log_3 1$ 的值为（   ）.
    A. 12   B. 16   C. 9   D. 8

11. 与直线 $l: 4x + 5y + 2 = 0$ 垂直的直线的斜率是（   ）.
    A. $\dfrac{5}{4}$ B. $\dfrac{4}{5}$ C. $-\dfrac{5}{4}$ D. $-\dfrac{4}{5}$

12. 在等差数列 $1、-2、-5、-8、\cdots$ 中，第 10 项的值是（   ）.
    A. -23 B. -26 C. -29 D. -32

13. $\sin 40° \cos 10° - \cos 40° \sin 10°$ 的值为（   ）.
    A. $\dfrac{1}{4}$ B. $\dfrac{\sqrt{3}}{2}$ C. $\dfrac{1}{2}$ D. $\dfrac{\sqrt{3}}{4}$

14. 双曲线的一个顶点坐标是 $(3,0)$，左焦点是 $(-5,0)$，则双曲线的方程是（   ）.
    A. $\dfrac{x^2}{16} - \dfrac{y^2}{9} = 1$ B. $\dfrac{x^2}{9} - \dfrac{y^2}{16} = 1$ C. $\dfrac{x^2}{9} - \dfrac{y^2}{25} = 1$ D. $\dfrac{x^2}{25} - \dfrac{y^2}{9} = 1$

15. $\cos 780°$ 的值是（   ）.
    A. $\dfrac{1}{2}$ B. $\dfrac{1}{2}$ C. $\dfrac{\pi}{6}$ D. $-\dfrac{\pi}{6}$

16. 直线 $2x - 3y + 12 = 0$ 与坐标轴围成的面积是（   ）.
    A. 12   B. 24   C. 6   D. 18

17. 函数 $y = \sqrt{2}\sin 3x$ 的周期是（   ）.
    A. 2π B. $\dfrac{3\pi}{2}$ C. $\dfrac{2\pi}{3}$ D. $\dfrac{\pi}{3}$

18. 已知直线 l 过点 $P_1(-2,3)$ 与 $P_2(1,-2)$，则直线 l 的斜率是（   ）.
    A. $\dfrac{5}{3}$ B. $-\dfrac{5}{3}$ C. 1   D. $\dfrac{3}{5}$

19. $y = 2 - \sin\left(x - \dfrac{\pi}{4}\right)$ 的最大值是（   ）.
    A. 2   B. 3   C. 1   D. 无法确定

20. 抛物线 $y = \dfrac{1}{4}x^2$ 的焦点坐标是（   ）.
    A. $(0,1)$ B. $(1,0)$ C. $(0,-1)$ D. $(-1,0)$

得分	评卷人

二、填空题(本题 10 小题,每小题 4 分,共 40 分)

21. $P_1(-3,2)$ 与 $P_2(7,6)$ 的中点坐标是_____.

22. 比较大小:$\tan 125°$ _____ $\tan 137°$.

23. $\lg 2 + \log_{100} 25 =$ _____.

24. 已知 $\tan a = \sqrt{3}$,且 $a \in \left(-\dfrac{\pi}{2}, \dfrac{\pi}{2}\right)$,则 $a =$ _____.

25. $f(x) = \log_2(5-x) + \sqrt{x-3}$ 的定义域是_____.

26. $2\sin 0\cos\dfrac{\pi}{2} + 3\tan\pi\cot\dfrac{3}{2}\pi + 5\sin\dfrac{\pi}{2}\cos 2\pi =$ _____.

27. 已知 $f(x) = (a-1)^x$ 是减函数,则 a 的取值范围是_____.

28. 若 $\sin\theta = \dfrac{4}{5}$,则 $\cos 2\theta =$ _____.

29. 点 $P(1,1)$ 到直线 $:3x+4y-2=0$ 距离是_____.

30. $\left(\dfrac{\tan a}{\sec a}\right)^2 + \cos^2 a =$ _____.

得分	评卷人

三、计算题(本题 6 小题,每小题 6 分,共 36 分)

31. 已知 $\sin\alpha = \dfrac{1}{4}$,$\alpha \in \left(\dfrac{\pi}{2}, \pi\right)$.

   求:(1) $\cos\alpha$ 的值;

   (2) $\tan\alpha$ 的值.

32. 已知 $y = f(x)$ 是一次函数,且有 $f[f(x)] = 9x - 8$,求 $f(x)$.

33. 化简 $\dfrac{\sin^2(a+\pi)\cos(\pi-a)\cot(-a-2\pi)}{\tan(\pi-a)\cos^3(-a-\pi)}$.

34. 在等比数列 $\{a_n\}$ 中,$a_2=6$,$a_5=162$,求 a_4.

35. 已知直线 l 过坐标原点且与直线:$4x-y+5=0$ 的夹角是 $\dfrac{\pi}{4}$,求直线 l 的方程.

36. 以圆 $x^2-8x+y^2-9=0$ 的圆心为椭圆的右焦点,半径为椭圆的长半轴,求椭圆的标准方程.

四、证明题(8分)

37. 证明:$\dfrac{\cos^2 a-\sin^2 a}{1-2\sin a\cos a}=\tan\left(\dfrac{\pi}{4}+a\right)$.

五、应用题(6分)

38. 设计一个水槽,其横截面积为等腰梯形,如图,要求满足 $AB+BC+CD=a$ 为常数,$\angle ABC=120°$,写出横截面面积 y 与腰长 x 间的关系.

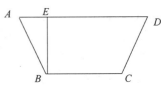

本书部分数学符号

$\in$	$x \in A$	x 属于 A；x 是集合 A 的一个元素
$\notin$	$y \notin A$	y 不属于 A，y 不是集合 A 的一个元素
$\{,\cdots,\}$	$\{a,b,c,\cdots,n\}$	诸元素 $a,b,c,\cdots,n$ 构成的集合
$\{\mid\}$	$\{x \in A \mid p(x)\}$	使命题 $p(x)$ 为真的 A 中诸元素之集合
$\varnothing$		空集
N		非负整数集；自然数集
$\mathbf{N}^*$ 或 $\mathbf{N}_+$		正整数集
Z		整数集
Q		有理数集
R		实数集
$\subseteq$	$B \subseteq A$	B 含于 A；B 是 A 的子集
$\subsetneqq$	$B \subsetneqq A$	B 真包含于 A；B 是 A 的真子集
$\cup$	$A \cup B$	A 与 B 的并集
$\cap$	$A \cap B$	A 与 B 的交集
$\complement$	$\complement_A B$	A 中子集 B 的补集或余集
$[,]$	$[a,b]$	**R** 中由 a 到 b 的闭区间
$(,)$	(a,b)	**R** 中由 a 到 b 的开区间
$[,)$	$[a,b)$	**R** 中由 a（含于内）到 b 的右半开区间
$(,]$	$(a,b]$	**R** 中由 a 到 b（含于内）的左半开区间
$f(x)$		函数 f 在 x 的值
$f: A \to B$		集合 A 到集合 B 的映射